通知表がオール〝もう少し〟の学校心理士の考える

# 「特別支援教育」って何？

山内康彦

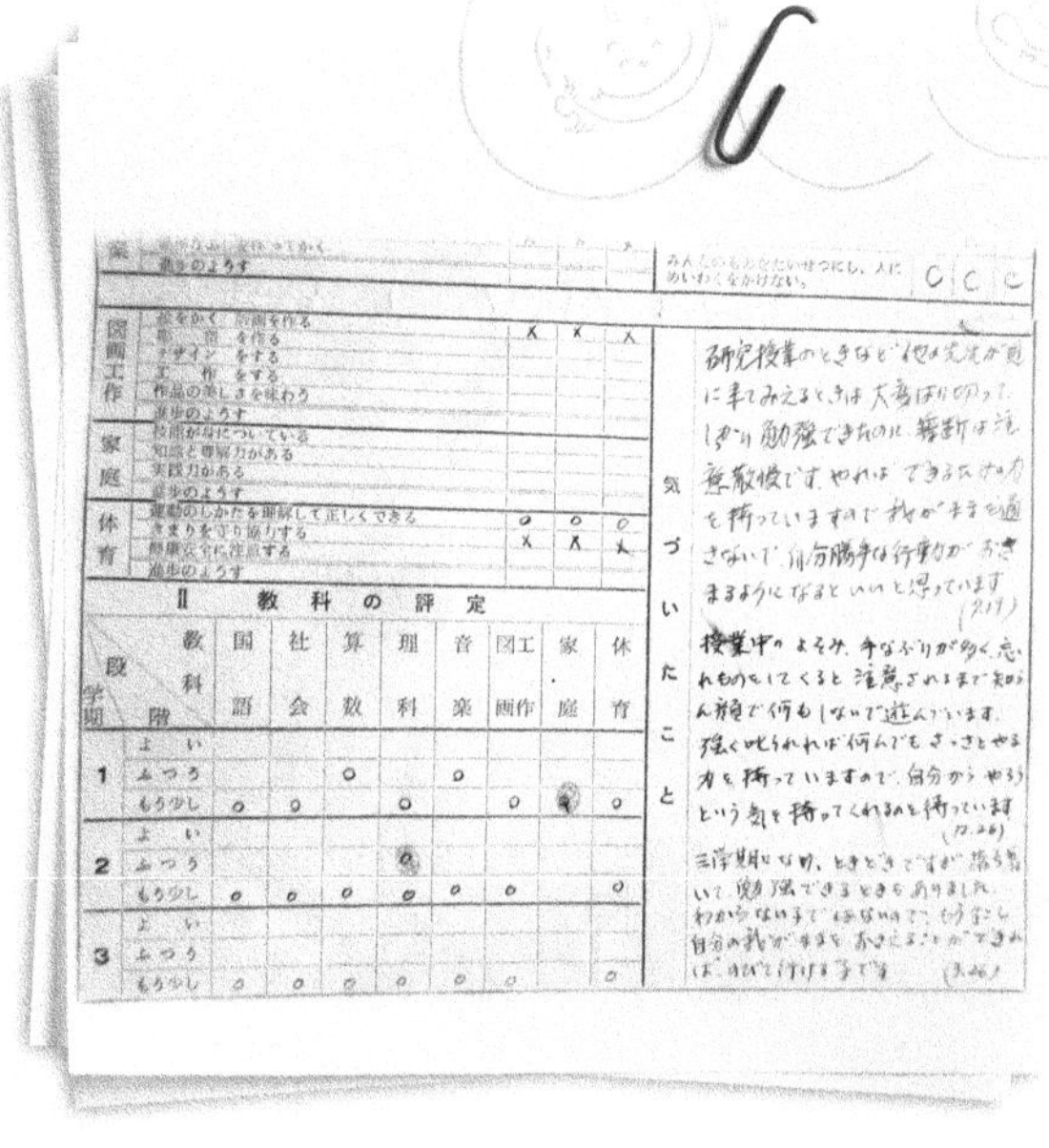


WAVE出版

# はじめに

私はもともと、岐阜県の特別支援教育を専門とする教員の一人でした。

岐阜大学教育学部で保健体育と特別支援の二つの教員免許を取得し、小学一年生から中学三年生まで全学年の担任を務めました。

そして、私が三八歳になったとき、教育委員会へと異動しました。

教育委員会での仕事はいろいろありましたが、その中の一つが子どもの進路を判定することでした。

そして、その後は管理職――というのが、一般的ですが……。

私は、大学院へ行き直し、学校心理士・ガイダンスカウンセラーの資格を取得し、私立学校の先生を経て、特別支援を専門にする民間事業に携わることにしました。

どうして、学校の先生を辞めたのか。

学校の先生というのは、一年間しか担任を持つことができない。毎年、受け持つクラスが変わるのです（特別支援学級でも数年で変わる）。

私はそのことに満足できませんでした。

私の目指す教育とは、ずっと同じ子どもたちとともに寄りそって成長していく、継続的で全方位の教育です。

だから、私しかできない道・生き方を開拓していく決意を決めたのです。

私は現在、一般社団法人障がい児成長支援協会の代表理事として、全国の福祉事業のお手伝いをしながら講演会を各地で行っています。また、岐阜県内で株式会社サーバント（https://www.nijinohashi.co.jp/）の取締役の一人として、小学校入学前の児童発達支援事業から、放課後等デイサービス、小児発達外来の病院、通信制高校等の経営にも携わっています。

学校の外に出た今だからこそ感じる、言えることも多くあります。

本書では、私自身の体験や経験もふんだんにお伝えしようと思います。

障害や課題と向き合う子どもの心を紐解き、子どもの将来や適切な支援のあり方について、みなさんと一緒に考えていきたいと思っています。

# 「特別支援教育」って何？　もくじ

# 第1章

# あだ名は「山ウンチ!」――学校一番の〝問題児〟が困難を乗り越えるまで

## 「こんな問題児見たことない」と言われた幼少期の私

私は学校一番の問題児で、小学一年生からずっと先生から「特別支援学級（当時は養護学級）へ行け」と言われていました。

親も私自身も強く反対したから行かずにすんだのですが、当時の担任の先生の扱いは最悪でした。

その証拠が表紙カバーにある通知表の写真です。

これは私の通知表です。通知表は、私が小学二年生のときのものなのですが、小学二年生では習わないはずの家庭科に〝もう少し〟評価が記されている（笑）。

おかしな話ですよね。

担任のI先生、勢い余って、家庭科に「もう少し」と付けているんです。

私は、約二〇年間、先生をやりましたけれど、小二の通知表なのに、誤って家庭科に評価を付けてしまったら初めから書き直しますよ。こんな間違い、通知表を確認する校長先生だって許さないはずです。でも、校長先生、素通りしちゃって印鑑押しているんです。

それだけではありません。こんなのはまだまだ序の口です。

実は私、大人になってから自閉症とADHDだと診断を受けているのです。

そう、発達障害です。現在は、私のように大人になってから診断を受けるケースが増えています。

さかなクンと同じ発達障害なのですが、私は魚だけでなく恐竜とか虫が大好きです。小学生のときに「好きな生き物はな〜に？」と尋ねられて、「リュウグウノツカイ」って答えちゃう。マニアックだし、もうアウトでしょ？

当時は理科しか得意科目がなかった子どもでした（生活科がなかった）。にもかかわらず、担任のI先生、唯一得意な理科の評価を間違えています。あろうことか、唯一の「ふつう」の理科を訂正印で「もう少し」に直し普通にスルーされちゃっています。

全教科で「もう少し」（笑）。

みなさん、見たことありますか？　こんな通知表！

もう死にたくなりますよね。

一昔前、「オール1のヤンキー先生」で話題になった現国会議員の義家弘介さんの小学生バージョンです。

で、I先生が書いた所見が笑えます。

「授業中、よそ見、手遊びが多く、忘れ物をしてくると注意されるまで何もせず、知らん顔で遊んでいます」

で、さらに
「強く叱られれば、何でもやれる力を持っていますので…」

と、さらっと恐ろしいことが書いてあります。

小学二年生といえば、今から四三年前。その当時の「強く叱る」ってどういうことかわかりますか?

バケツを持って廊下に立たされるのは当たり前、普通に棒で叩かれたりした時代なのです。

「強く叱られれば、何でもやれる力を持っていますので…」の先には「自分からやろうという気を持ってくれるのを待っています」と続いていますね。

いや、待っていると思う？　待ってなんかいません。

この所見に悪意さえ感じるでしょう？

このI先生、家庭訪問に来たとき、私の母親にこう言ったそうです。

「この子の将来は犯罪者か、大物になるかのどちらかですね」


みなさんは、学校でウンコ漏らしたことありますか？

私は、小学生のとき、ウンコを何回も漏らしています。

山内だから山ウンチが、私のあだ名になった。

「♪山ウンチーがやってきたー、くさいぞ、くさいぞ、クソ漏らすー♪　うわー山内が来たー、今日もクソ漏らすぞー！」

と、毎日やられていました。

私は自閉症だから、メロディーも歌詞も何もかも、鮮明に覚えています。今でもクラスのみんなからいじめられた夢を見ます。フラッシュバックです。

普通だったら、学校行かなくなると思います。

しかし、私は不登校にはなりませんでした。

なぜか。

当時は〝学校を休む〟という発想がなかった。

そもそも「不登校」という選択肢自体、ありませんでした。

なので、ウンコを漏らそうが、先生からぶん殴られようが、学校は行かなきゃならないもの。誰もがそう思っていたので、私は毎日学校に行っていたのです。

いや、両親が用意してくれた温かな家庭や仲良くしてくれた友だち、そしてこんな私を受け入れてくれたその後の素敵な先生たちがいたから、「学校に行けていた」のだと思います。

後述しますが、私を肩車してくれたT先生、プールを拒否する私のために二五メートル潜水してお手本を見せてくれたK先生等……。

本当に素敵な先生たちに、いっぱい出会ったのです。

それで私は、発達障害による、二次障害を起こしかけたけれど、起こさずにすんだ。

立派にいろいろな仕事をしている今の私がある。


だから、私は決めたのです。

今度は自分が恩返しをしたい、と。

だって、私のような課題のある子、いっぱいいますから。

不登校になってしまったり、先生に叱られ、お母さんからも叱られ続けたり……。

そんな子がたくさんいるのです。

その子たちを助ける仕事がしたい。

そのために、学校の先生になったのに、実際は毎年コロコロと担当クラスを変えられてしまう。そして転勤もある。現在の学校現場では本当の意味での〝継続した療育〟は不可能なのです。

だから、私は今の道を選びました。

みなさんはメガネをかけている人は、〝視覚障害者〟だと思いますか？

メガネがなければはっきり見えないけれど、メガネさえかければちゃんと見える。

だから〝障害者〟と呼ぶ人はいません。

私は大人になってから、発達障害という診断をもらったと言いました。

今、一〇人のうち一人が、発達障害や何らかの特別支援が必要な子といわれています。ですが、そうした傾向のある子は、本当に〝障害〟なのでしょうか？

メガネを必要とする人のように、必要な支援を適切に行えば、他の人たちと同じようにいろいろなことができるのではないか。〝障害〟ではなく〝～というタイプ〟だと私は思います。

実際、最近になって「自閉スペクトラム症」や「注意欠如多動症」、「限局性学習症」のように〝障害〟の表記をしない診断名の付け方が一般的となってきています。

発達障害は、自閉症とＡＤＨＤ、勉強が苦手なＬＤ等がありますが、実際はさまざまな障害が重なり合っているケースが多く、「ＡＤＨＤ」や「ＬＤ」の診断名だけをもらっている子でも〝強いこだわり〟や〝コミュニケーション力の不足〟が課題になっている子が多く、単純に分類できるものでもない難しさもあります。残念ながら、発達障害や知的障害は目に見えにくく、指導しにくいものなのです。

自閉症とＡＤＨＤといっても個性があります。

私は特に英語が大の苦手です。英単語はもちろん、英作文などを覚えるのが全然ダメ。一度嫌いになってしまうと、もうその教科を受け付けないのです。

私は答えがはっきり出る教科、たとえば理科や算数が大好きです。

だから、数学のセンター試験は満点でした。極端でしょ？

そう、デコボコがあるんです。

## 「苦手なことを克服する」より「好きなこと、得意なことを伸ばす」

小学校時代の私の武勇伝をいくつかご紹介しましょう。

これは、発達障害のある子どもの特徴かもしれません。

まず、授業中、何か気に入らないことがあると立ち上がって離席してしまう。

だって、面白くないから。

そうそう。先生って「ちょっと待ってて」って、よく言いますよね。あの「ちょっと」が、全然ちょっとじゃないんです。

自閉症の子どもは、あいまいな指示が大の苦手です。

「ちょっと」と言っておいて、五〜一〇分経っても来てくれないわけでしょ。そりゃもう、教室から飛び出す。出ていっちゃうんですよね。

あと「思いついたらすぐ発言」ね。

「さぁ、1＋2の答えがわかる（人は手を挙げて）……」

「はーい！」って、先生の質問も終わらないうちに答えちゃうわけです。

なので、「もうしゃべらないで！」と、口にガムテープを貼られたこともある。

今だったら大変なことになりますけれど。

それから勝たないと気が済まない。

勝つまでやる。

私ね、お年玉の八〇〇〇円を全部ガチャガチャに使って、二つのガチャガチャを空っぽにしたことがあります。

当時は一回二〇円だったと思いますから、ざっと四〇〇回。やったらやめられなくなっちゃうんです。

ところが、当たりが一個もなかった。

ガチャガチャの横に書いてあるよ。〝必ず当たる〟って。二つ空っぽにしたのに当たりがない！ 嘘ジャン！

「全部買ったのに当たりがない！」って、もうわんわん泣きながら家に帰った。

そんな息子を見た母親は、私にこう言ったのです。

「それがガチャガチャだよ。それがクジだよ。康彦、良い勉強になったね」

「でも、八〇〇〇円はもう返ってこない～」

と、泣きながら訴えると

「今回は、勉強代としてお母さんもう一度あげる。今度は大切に使うんだよ」。

なんと、八〇〇〇円を私にくれたのです。

そのときもらった八〇〇〇円。私は大学の入学金にするまで使いませんでした。

私の両親はとても素敵な人です。今の両親がいなかったら、今の自分は絶対にないと言いきれます。

他にも……。とにかく、私は食べ物の好き嫌いがめちゃくちゃ多い。

なかでも、特に牛乳は飲めません。

何で牛乳が嫌いかわかりますか？

口の中に味が残るのです。発達障害の子どもは、非常に感覚が敏感なところと鈍感なところを持ち合わせているケースが多いです。

みなさんも、牛乳を飲むと、口の中に牛乳の味が少し残るのがわかりますよね？

とはいえ、他の食べ物を食べれば牛乳の味はなくなります。

でも私は、ダメです。

一度牛乳を飲むと、何を食べても数十分は口の中に牛乳の味が残ってしまう。

だから、給食は地獄です。

ちなみに、牛乳を飲んだ後に味噌汁を飲むとどうなるか。

口の中で味噌汁と牛乳の味が混じってしまうのです。

これは自閉症の子どもの特徴なのですが、おかずばっかり食べる。白いご飯ばっかり食べる子がいる。

でも安心してください。よく観察してみると、たいていは先におかずから食べる。おかずの味が口の中に長く残っているから、その後で白いご飯を食べている。私と一緒です。

給食の食べ方として教えられる「三角食べ」は、当然、大っ嫌いです。

三角食べとは、おかず、ご飯、汁物、牛乳などを一口ずつ行ったり来たりして食べる食べ方ですが、口の中に味が長く残るし、それが混ざるから、私たちは三角食べができないのです。わかっていただけたでしょうか。

「胃袋に入ったら一緒じゃないか」と言うけれど、万一、食べて吐いてしまったら、もっと始末に悪いでしょ。この程度の食べ方をするくらいは、理解や許容をして欲しいのです。

まだまだあります。

私はマス目の中に字を書くことができませんでした。

それに学校のプールも大っ嫌い。

前出の「オールもう少し」を付けたI先生が、泳ぎが上手くなってきたときに、私をプールに突き飛ばしたのです。

急にプールに突き落とせば、そりゃ溺れるでしょう？　うちの親、激怒しました。

さすがにそのときは先生、謝りに来ましたけどね。

それ以来、私はプールに入りませんでした。

片づけなんか、できません。

部屋の中はいつもグチャグチャです。その解決方法については、後述しますが、私、忘れ物がムチャクチャ多いのです。ＡＤＨＤだから。

当時、忘れ物をすると、赤いシールを貼っていくグラフが教室の中にあって、私がダントツトップ。そして、ついに忘れ物シールがグラフいっぱい二〇個たまってしまったのです。

段ボールに「ぼくは忘れ物チャンピオンです。みなさん笑ってください」と書かれたゼッケンを前と背中にぶら下げて、全校を一周回るという罰をさせられました。

信じられますか？

おまけに教室で長時間、じっと座っていられませんから、縄跳びで椅子に手足を縛りつけられたこともあります。

いや、あり得ないと思うでしょ？

当時は忘れ物をしたら棒で叩かれたり、耳を持って持ち上げられたり、そういうことが平気で学校で行われていた時代だったのです。

なので、担任の先生が毎年家庭訪問するたびに、「こんな子は通常級ではやっていけません！」と告げられる。あの通知表と重なるんです。

これが私の小学校時代です。

そんな私が、なぜ国立大学を卒業して教師となり、会社の経営にかかわりながら立派にやっていけているのか。

それは私の両親や先生、他の大人たちが、「苦手なことを克服するのではなく、子どもの得意なことや好きなことを伸ばしていく」という方向性で、私を導いてくれたからなのです。

どうしてお母さんや先生たちは、その子の悪いところやダメな部分を見て、「普通にさせよう」と必死に努力するのでしょうか。

ダメな部分を何とかしようと頑張っても、結局マイナスがゼロになるだけ。

その子にデコボコがあったら、良いところ、強いところを見つけて引き上げる。そうすると、ダメな部分、マイナス面も自然と上がってくるものなのです。

さかなクンは、魚があったから、あそこまで有名になった。

トム・クルーズっていう、アメリカの俳優をご存じですか？

彼は〝失読症〟と言われています。

普通だったら、俳優が台本を正しく自力で読めないことは致命的なことです。

しかし、セリフを音にして、それを聴いて覚えながら、世界的俳優として成功しているわけです。

このように、発達に課題があっても、自分の好きなことや得意なことを伸ばしていく中で、成功している人はたくさんいるのです。

ここからは少々自慢になってしまいますが、私、日本サッカー協会の正式なコーチで、Jリーグのユース等を指導することもできます。「B級コーチ」と言います。

さらに、さすがに一軍の試合まではムリですが、プリンスリーグ（日本の高校生年代のサッカー大会）の試合やJリーグの練習試合、サテライト戦等で審判をやった経験もあります。「日本サッカー協会公認2級審判員」です。

今後は、A級コーチに昇格できるよう、勉強中です。

また、私、こう見えて手品もプロ級なんです（笑）。

最初は父が手品を教えてくれたのですが、今では八六〇個の手品ができます。時々マジックバーで、プロのお手伝いもしています。

学校の先生をやっていた時代なんかは、受け持ちクラスの朝の会では必ず手品をやっていました。手品から一日が始まるわけです。

ところがある日、問題が起きたのです。

本来なら登校してはダメな高熱を発症した子が学校に登校してきて、「山内先生の手品だけ見て帰る」というのです。

こんなことをしていましたので、私のクラスだけ欠席ゼロでした。

でも、校長が怒りましてね。

「もう、そういうことやるな」と叱られました（笑）。

私、ギターも弾けるんです。

父がマンドリンを弾いていたからかもしれませんけど、「岐阜の〝みやぞん〟」って言われています。

ギターを渡されれば、二、三曲は即興で歌を作っちゃう。

私が学級担任になると「学級の歌」を作ってみんなで歌いました。

楽しそうでしょ?

あと、スキーも得意。私、スキーのインストラクターなんです。

父が山登り好きだったからなのかもしれません。小さいときから何回もスキー場に連れていってもらいました。

でも、私はあの狭いリフトがいやなんです。

だから、チャーターしたヘリコプターに乗ってコースの山の上まで行き、そこから麓に向かって滑ります。

けっこうリッチでしょ?

『私をスキーに連れてって』という映画がはやったバブル世代だから、何しろスキーができることがモテる男の条件だったのです。

「ヘリで山頂まで行かない?」と誘えば、たいてい二、三人の女の子はヘリコプターに乗り込んできたものです。

だから、練習をバンバンやって、スキーは一応プロ級です。

ウエアからブーツまで最高級のものを揃えています。

その一方で、私はプールを拒否していたので泳げません。

とはいえ、学生時代は女性にモテることが私の生き甲斐だったので、海に行っても泳げないっていうのは、モテたい男として致命的でした。

だから私は、船舶免許（小型船舶操縦士）の資格を取得しました。

ジェットスキーもやります。

結婚する前は、ジェットスキーでバナナボートを引っ張って、何人もの女性に声をかけたものです。

ちなみに、声をかけた女性は全員、バナナボートに乗りました。海に行って、ただ「遊ぼう」って言ってナンパしてもほぼ無視されるのが相場ですが、ジェットスキーでバナナボートを引っ張って「乗る?」って言えば、一〇〇%乗ってくれました(笑)。

私は、自閉症で、ADHDで、ウンコを漏らして、椅子に手足を縛られて、通知表はオール「もう少し」だけど、特別支援学校の免許を持った専門の先生として義務教育九学年をすべて担任し、教育委員会も経験した学校心理士です。

また、サッカーが得意で、プロのコーチの資格も所持していて、マジックバーで手品を披露して、ギターも弾けて、スキーのインストラクターもしていて、船舶免許も持っている。

他にも、小中学校保健体育の教師用指導教科書の執筆や、研究者として大学の仕事を手伝ったり、学会発表もしたりしています。会社の経営（株式会社サーバント取締役）にもかかわり、一般社団法人障がい児成長支援協会の代表理事でもあります。

私みたいな人、いないでしょ？

これまでいろいろなことをやっていく中で、すべてが自信になってきました。

つまり、「オンリーワン」なんです。「世界に一つだけの花」という歌が出たときに、「あ、これは私の歌だ」と思いました（笑）。


私は片づけができないし、牛乳も飲めない。

でも、そんな自分が好き。

マイナス面がたくさんあるけど、それ以上にたくさんのプラス面があるから「こんな自分が好き」と自信を持って言える、みなさんも、子ども自身がそう言えるような子育てをしていかなければならないのではないでしょうか。

先日、さかなクンの話を聞く機会があったのですが、彼はこう語っていました。

「自分が好き」って。

こうも言っていました。

「自分から魚を取ったら、ただのクンだ!」と。

さかなクンには、魚があるんです。

お子さんに対して、何かしらの発達の課題があるなら、逆の発想をしてみる。

「ウチの子が他の子に負けないところは、どこなんだ」

「ウチの子どもの良いところは、どこなんだろう?」って。

それを一生懸命見つけてあげるのが保護者の仕事であり、教師の仕事じゃないでしょうか。

大事なのは、その子の良さや得意なことを伸ばしてあげる教育なんじゃないかと。

今だから言いますが、私、未成年のときに名古屋の繁華街でお酒を飲んで、大騒ぎして、お巡りさんにお世話になったことがあります。

本当に変なところ、いっぱいあります。

変なところ、ダメなところだらけの私ですが、他の人が持っていないプラスの面がいっぱいあるから、活き活きしていられるのです。

あの通知表を公開したとしても、他にもっと誇れる自分があると思えるから。

普通だったら、あんな通知表、他人に見せられません。

## こんな私を受け入れてくれた大人や先生に感謝

先日両親を連れて、台湾一周旅行に出かけてきました。

旅の途中、母にこんな言葉を伝えたのです。

「産んでくれてありがとう」「よく認めて育ててくれたね」と。

母は泣きながらこう言いました。

「だって、あなたを産んだの、この私だもの。私が認めなくて誰が認めるの？」

母の涙を見て、あらためて母の愛を感じました。

母には本当に感謝、感謝です。

講演会のときによく話すのですが、家庭って本当に大事です。

父についての話も紹介します。

手品ができるようになったのは、父が教えてくれたからなのですが、そもそものきっかけは学校でウンコを漏らしたから。

だって次の日、だれも近寄ってこないんです。

「山ウンチーがやってきた〜、くさいぞ、くさいぞ、クソ漏らす〜♪」

小学校一年生のときに歌われたこの歌、フラッシュバックするんです。

そうしたらね、父親がこう言ったのです。

〝友だちをつくる秘密を教えてあげる〟って。

「朝の会で三分間スピーチがあるだろ？　そこで、みんなに手品を見せるんだ」

と、言うのです。

父親は続けて、こう言いました。

「お父さんがこんな手品を持ってきたぞ。ほら、こうやって花を咲かせればいいんだ。

そうしたら、クラスの子たちは〝どうしたらそうなるの？　触らせて！〟って必ず言ってくるから。お前はこう言うんだ。〝じゃあ、今日、僕の家に来たら教えてあげる〟とね」

この作戦は成功しました。手品のタネが知りたいがために、私の家に何人もの友だちが来始めたから。

母はすかさずホットケーキやカルピスを出して、こう言うのです。

「いつもウチの子が迷惑かけてごめんね。もし何かあったらおばちゃんに教えてね」

そして次の日、別の手品を見せるでしょ？

すると、今度は母が手作りドーナツを振る舞ってくれる。

そしてまた次の日、私が別の手品を見せると　今度はタコ焼きを作って振る舞ってくれる。翌日はクレープを焼いてくれる。

母が美容師ということもあったのですが、毎日、必ず数人の子どもがやってきては、母がおやつを出して「うちの子よろしくね」「うん！　わかった」になる。

父は私に、次々といろいろな手品を教えてくれました。

こんな私が、クラスでいじめられると思います？

絶対いじめられないですよ。ホットケーキとカルピスで「餌付け」されているから（笑）。

この両親のお陰で私は、友だちがどんどん増えていった。気付いたら、八六〇個以上の手品もできるようになっていたのです。

あらためて、両親に本当に感謝です。

両親以外に、私を可愛がってくれた叔父さんもいました。母親の姉夫婦が近所に住んでいたのですが、私のことをすごく可愛がってくれました。

あるとき、私は一回だけ、言ってしまったことがあるんです。お母さんに向かって「死ね」って。

母は

「康彦が私に死ねって言った〜」

と、泣いている。

すると、叔父さんは私に対して真剣に怒ったのです。

「康くん。これだけは叔父さん、許さない、謝りなさい。それだけは絶対にお母さんに言ってはいけないことだよ！」

と諭された。

私は母親に

「お母さん、ごめん」

と素直に謝りました。

そのとき、もし母親本人から

「あんた、それがお母さんに言う言葉？　今なら許すから謝りなさい！」

と言われたら、謝ったと思いますか？

謝らないでしょうね。

そう。叔父さんという、いつも自分を共感的に認めてくれる少し距離のある他の大人から言われたから、素直に謝れたのです。

親ではない、学校の先生でもない、少し距離のある別の大人の存在も重要なのです。

また、私は美容院の子どもだったので、近所のおばちゃんたちからいつも声をかけられていました。そう、いつも誰かに見られていたんです。

近所はみんなお客さんだらけ。

周りのおばちゃんが、私を見つけては
「わぁー、中学生になったの？　カッコいいお兄ちゃんになったね〜」

なんて、お年玉をくれる。だから、立ちションもできない。

だって、お年玉をくれるようなおばちゃんたちを無視できないでしょ？

私、自閉症なのにムチャクチャしゃべることが得意なんです。

その理由は、生まれてからずっと美容院の中で育ったことにあります。

毎日何人ものおばちゃんに代わる代わるだっこされて、キスされてきたのです。

その恐怖、わかりますか？

ムチャクチャ嫌だったけれど、あるとき、「おばちゃんキレイになったね！」というセリフを覚えました。すると一〇〇〇円もお小遣いをくれるのです。

お客さん一人一〇〇円ずつくれるものだから、お客の多い年末年始は合計で月に五万円以上になったこともある。

母親は「そんなにしていただいたら癖になるから。それじゃあシャンプーかリンス、好きなほうを持っていって！」となる。

一〇〇〇円もらって、五〇〇〇円程の品物を返すものだから、ウチの美容院は地域でシャンプーとリンスの販売額がダントツの一位になった（笑）。

そのせいもあって、私は三〇代以上の女性との会話が得意になりました。

まあ、大学生になったとき、肝心な二〇代としゃべることが苦手なことに気付いたんですけど（笑）。

自閉症の人は新しいことは苦手ですが、慣れたことは大丈夫なことが多い傾向も持っています。さらに三〇代の女性は落ち着きがあり安定しています。自閉症の私には三〇代の落ち着いた女性のほうが合っていたのですね。

これが、よくしゃべる自閉症の私がつくられてきた背景です。

美容師の息子として一〇年間、毎日一〇人ほど、三〇代以上の女性たちと接してきたことが、自閉症なのによくしゃべる私を育ててきた。

つまり、環境や経験によるものが大きいということなのですね。

発達障害があっても発達因子より環境因子のほうが重要とよく言われます。

私は、発達障害の有無にかかわらず、子育てで大切なのはやはり〝教育環境〟であると思います。

そして、その子の発達に環境が大きく影響するとしたら、普段から、子どもを受け入れてくれる人や環境をつくっておくことはとても重要なことです。

さらにその良い環境の中で、どのような内容を療育していくのか？

当然、療育の中身もあわせて重要になってきます。


では次に、素敵な教育環境の例として、私を共感的に受け入れてくれた先生について、紹介します。

私の手足を縛った小学一・二年の担任I先生がいた一方で、こんな先生にも出会いました。

まず、小学三年生のときの担任のT先生。

T先生は「おいみんな、先生と一緒に鬼ごっこしないか？」とクラスの子に声をかけます。すると、「あっ、先生！　鬼ごっこしてくれるの？　僕も、僕も！」とクラスのみんなが寄ってきます。

そして、

「よし、今日は先生と山内の合体ロボだ！」

と言って、ウンコを漏らした私を肩車して、鬼ごっこをしてくれるのです。

クラスの子どもたちは、

「イヤだけど、T先生が一緒に参加してくれるんだから、しょうがないな〜」

ということで、鬼ごっこを始めます。

私とT先生の「合体ロボ」は、〝私が仲間はずれにならないように〟というT先生のアイディアでした。いつも「一緒にやろう！」と声をかけてくれた、本当に優しい先生でした。

ところがある日、大事件が起きました。夏休みにT先生が入院したのです。

ヘルニアでした。

わかりますよね。私のせいです。

母に連れられて、先生が入院する病院へお見舞いに行きました。

「康彦！　先生にお見舞いの花を渡しなさい！」と母に言われ、私が花を渡すと、その後でこっそりと、当時の金額で三万円くらいのお見舞いを母が先生に渡していたことをよく覚えています。

病院からの帰り道に「なんで、先生にそんなにお金をあげるの？」と母に聞くと、「黙りなさい！」と叱られました。

今から三〇年以上前のことですが、そのヘルニアが私のせいであることに気付いたのは、だいぶ大人になってからでした。


次は小学校五年生のときの担任、W先生です。

ムチャクチャ褒めてくれる一方、殴ったりもする厳しい先生でした。

ある冬の寒い日の授業での一コマです。

「ようし、いいか。今日はこれだけ寒くても集中できる薬を配るからな。みんなで薬を飲んで、午後の勉強をやりきるぞ〜」とW先生。

なんと、クラスの全員に飴やチョコレートを配ろうとするんです。実はW先生は駄菓子屋の息子でした。今であれば許されることではありませんが。

「せんせー、これ、お菓子じゃないですか？」

と私が聞くと、W先生は
「山内は、これがお菓子に見えるのか？　これはお菓子じゃない。このクソ寒い真冬に集中して授業するための薬だ！」

と言うのです。

続けてW先生は、

「これがお菓子に見えるようでは、山内にはあげられないなー。だって、校長先生に叱られちゃうから。他の子にしゃべってもダメだよ。だって学校でお菓子を配ったなんて話したら、大問題になっちゃうだろ？」

「W先生、すみません。見間違いでした。僕も薬に見えます‼」

そして、「これ薬だよな」「は〜い。薬でーす！」とみんなで「薬」を食べました。

実はこのクラス、学級崩壊をしていました。W先生は三学期になってから代理としてやってきた臨時の講師の先生でした。

それまでは私を含めて何人もの子が教室から抜け出してしまうような状態でしたが、W先生が着任してからわずか一週間で、全員が「はーい」と座って授業を受けるようになりました。

校長先生はびっくりです。

だって、五回答えを発表するとお菓子がもらえるんだから。

ムチャクチャでしょ？

今から三〇年くらい前には、こういう光景があったのです。

とはいえ、W先生はムチャクチャ厳しい一面も持っていた先生でした。

私も何度も殴られたことがありましたが、代理の先生だから、三学期だけ担任していなくなってしまうわけです。

しかし、終業式の最後の日、W先生は私にこう言ってくれました。

「もう、先生とはお別れだ。俺はお前のことをわかっている。山内のことが大好きだ。でもな、山内。今のままでは、次の先生に嫌われる。先生はそれが悲しい」

さらに、

「お菓子がなくても、飴がなくても、頑張れる山内になるんだぞ。お前ならできる、先生はそう信じている。さようなら」

と私をギューッと抱きしめて、泣きながら去っていきました。

私を一番殴った先生です。体罰は絶対にダメです。でも一番愛してくれました。

なぜか、私にとっては一番良い先生だったと今も思えることが不思議です。

次に紹介するのは、六年生のときの担任のK先生です。

私は理科が大好きだったので、友だちと喧嘩して仲間外れにされると、いつも一人でいじけていました。すると、K先生は、一緒に裏山に行っては竹を切って、コイルを巻き、手作りモーターを作ってくれました。カルメ焼きを作ったこともありました。いつも先生から寄りそってくれた思い出が強く残っています。

六年生になっても、プールに入れないままの私。

K先生は、ある日、体育の時間にこう宣言したのです。

「よし、これから俺が二五メートル、潜水で泳ぐから！」

当時、五〇歳過ぎで白髪交じりのK先生。

「やめてよ、先生！　死んじゃったらどうするの！」

子どもたちの心配をよそに、K先生は

「おい山内、賭けしようぜ。俺が二五メートル潜水できたら、お前、プールに入れ。男と男の勝負だ。お前やるか？」

と私を挑発するのです。

私も勝負好きですから、「わかったよ。やれるものならやってみろ」となる。

すると「おいみんな、今の山内の言葉聞いたか? それじゃ行くぞ!」と先生。

「先生やめてよ!」というみんなの声とともに、K先生は二五メートルを潜水で泳ぎきったのです。

「すごーい、先生!」と興奮する子どもたちの視線は、今度は私に向かいます。

「わかった……。入りますよ」と私。

当時、泳げるレベルが上がるごとに、帽子に線が付けられる制度がありました。プールに入れない私だけは、真っ白な帽子のままだったのです。

「山内、おまえ、線一本だけは絶対に取るぞ!」

とK先生。

一〇秒間、水に顔をつけることができれば「線一本」がもらえるというのです。

「男の約束は守れよ。よし、行くぞ!」

という先生の声に押され、私は顔をプールの水につけて、一、二、三秒……。

顔を上げたくなりましたが上げられない。先生が私の頭を押さえているのです。

無理やり顔を押し上げて「ドゥワー、苦しい、何をする!」と言ったら、私の周りで大拍手が起きました。

「山内！　やったな！　一〇秒超えたぞ！」

「先生ありがとう！」

私は生まれて初めて、プールで一〇秒間、水に顔をつけることができたのです。

挑戦するということを、身をもって示し、体験させてくれた素敵なK先生でした。


こんな素敵な先生たちに出会った私。

いつしか、「自分も先生になりたい」と思うようになりました。

でも、当時の小学校教員の採用試験は、二五メートル泳ぐことが試験内容に入っていて、泳ぐことができないと学校の先生になれません。

そんなとき、中学校で出会ったのがサッカー部顧問のM先生です。

「お前、学校の先生になりたいんだって？」

と言って、部活が終わった後、いつもプールで泳ぎを教えてくれました。

ほかにも塾の先生で、教員採用試験に落ちて、やむなく塾とギターの先生になったというS先生。私にギターを教えながら
「お前、先生になるんか。俺の代わりに素敵な先生になってくれよ」

と、私に夢を託す言葉をいつもかけながら、勉強とギターを教えてくれたのです。

こうやって、いろいろな素敵な先生方と出会うことができ、私は本当に恵まれていました。ラッキーでした。

私は、何よりも、こんな私を全面的に、そして共感的に受け入れようとしてくれた先生のその気持ちが伝わってくることが何より嬉しかったのです。

だから、特別支援教育の専門家を目指した。

今だから私はわかるのです。

特別支援の専門性というのは、知識やウデじゃない。

〝心〟なんです。〝子どもたちに寄りそう気持ち〟なんです。

発達障害や知的障害を持つ人は、感覚的に相手を見分けるといいます。その先生が自分を受け入れてくれる先生なのか、それとも自分を否定する人間なのかを。

そして、「こいつは俺を否定する人間だ」とわかった瞬間に、もう嫌になってしまう。

ここがポイントなのです。

つまり、保護者も指導者も、いかにこの子を受け入れるかという気持ちを持ち、その子に合った環境をつくるかということが一番重要なのです。

私の場合、家庭はもちろん、学校の先生も受け入れてくれているという素敵な環境が十分に整っていたから、私は二次障害を起こさなかったということなのです。

## 大人の姿を見て子どもは育つ

〝子どもの姿は、大人の姿の鏡〟とよく言われます。

そうです。大人は子どもたちに、お手本を示さなくてはなりません。

つまり、〝あこがれを持たせる大人になれ〟ということです。

私が先生時代に担任したあるクラス、実は「ありがとう」って言えないクラスでした。半年ほどかけて、「ありがとうと言いましょう」と指導していたのに、言えない。

あるとき、その理由がわかりました。

「ありがとう」が自然と言えるクラスでは、先生が「どうぞ」と言って手紙を渡していたのです。「どうぞ」と先生が言うから、子どもたちは「ありがとう」と返すことができる。

その光景を隣のクラスの先輩の先生に見せられて、ハッとしました。

私は手紙などのプリントを渡すとき、「はい」とだけ言って配っていましたから。

そこで、自分のクラスでも「どうぞ」と言って手渡すようにしたのです。

すると、半年かけても言えなかった「ありがとう」が、わずか一週間で自然と言えるようになった。

つまり、「ありがとう」と言わないのは子どものせいではなく、教師の私自身に「どうぞ」という気持ち、姿勢がなかったことが原因だったのです。

私は、子どもたちから〝子どもたちの目線で話す〟ことが非常に重要であることを教わったのです。


さらに、こんな話もあります。

特別支援学級在籍の子が、ある日、お母さんにお花をプレゼントしました。

花を贈ったのは、「お母さんがおばあちゃんに花をプレゼントしていたから」。

実はそのおばあちゃん、「渡る世間は鬼ばかり」に出てくるような強烈な姑で、お母さんはいじめられていたといいます。

「どうして、お母さんをいじめるおばあちゃんにお花をあげるの？」

と、その子がたずねると
「そんなことを言ってはダメ。おばあちゃんがいなかったら、あなただって生まれていなかったのよ」

と話したそうです。

そのおばあちゃん、「こんな私にお花をくれるのかい？」と号泣したそうです。

自閉症の子からしたら、ショックですよね。いつもお母さんをいじめる、おっかないおばあちゃんが泣いて喜んでいる。

それはもう衝撃的です。


後日、その子はお母さんにお小遣い三〇〇円をねだります。

「何に使うの？」とお母さんが聞いても答えることなく、とにかく三〇〇円が欲しいとねだり続け、お母さんも根負け。

「無駄遣いしちゃだめよ」と、お小遣いを渡しました。

そして、そのお金でお花を買ったその子。

「お母さん、プレゼントだよ！」と、お花を渡したそうです。

ところがお母さん、泣くのではなく大爆笑しながら、「ありがとうね！　ありがとうね！」と。なんと、子どもが買ったのは「仏壇用の花」だったのです（笑）。

そんなオチがついていますが、その子がお母さんに花をプレゼントした理由は、最近怒ってばかりいるお母さんのことが気になっていて、花を贈って喜ばせたかったからなのです。そして、お母さんがおばあちゃんにしたことを真似たのです。

その後お母さんは、子どもからもらった仏花をドライフラワーにして、仏壇の横にいつまでも飾っていました。

と思えば、別の子でこんなケースがありました。

家庭訪問に行ったら、「おいババア、なんで山内先生だけにバウムクーヘンを出すんだ。オレにも出せ！」って。お母さんを「ババア」呼ばわりしていたのです。

同じ学年で、同じ性別で、同じ知能指数で、同じ診断名。しかし、家庭環境によってこんなに差が出るのです。

子どもは、絶えず、大人の姿を見ているのです。

誰かのことを「クソババア、クソジジイ」なんて呼んでいれば、自分が子どもからそのうち、ババア、ジジイ呼ばわりされます。

だから、親孝行をする優しい子に育てたいと思ったら、お墓参りやおじいちゃん、おばあちゃんのところに一緒に行って、親孝行するその姿を手本として見せることが大切かもしれません。やはり、〝大人が子どもの手本〟ということですね。


私は、小学一年生の担任を四回経験しているのですが、こんな子もいました。

平日、学校を休んで、プロ野球観戦に行っているのです。

なので、地元のドラゴンズの試合、デーゲームがある日は学校に来ませんでした。

ちなみに、その子は食べ物の好き嫌いもあって、好きな物は食べるけど嫌いな物は一切食べないし、好きな勉強はやるけど嫌いな勉強はやらない。

ある日、その子のお母さんから
「ウチの子、困るんです。好きなことしかやらないんですよ。何でこんな子に育ったのでしょう」

と相談されたので、

「あなたがそのように育てたんじゃないですか」

と私が答えたものだから、そのお母さんブチ切れて、教育委員会に苦情を上げてきました。

普通なら、校長がかばってくれそうなものですが、その時の校長は定年間近。「山内君、僕はあと半年で定年なんだから、上手くやってくれよな」という始末。

一年生を担任するとね、いろいろあります(笑)。

また、魚を食べない子がいたので、その子の親に伝えたら「先生、魚の骨を取ってやってもらえますか」と言われたこともあります。

当時は一クラス四〇名です。

子ども全員に目を配りながら、私も給食を食べなければなりません。

「骨を取ってあげることはできません」と答えたら、「それなら食べるわけがないじゃないですか。なぜ骨を取ってくれないのですか」。

続けて「私も魚は食べませんから」と親が言うのです。

いやいや、私も食べませんからじゃないですよ。

やはり、子どもは親の姿を写すのです。

大人が手本になる大切さもありますが、時には大人の失敗談も有効です。

たとえば、テストの点数が悪くて子どもが泣いているときに、「何？この点数は！」と怒ったり、「お母さんはいつも満点だったのよ！」とまくしたてたりするのではなく、「お母さんもね、二〇点だったことがあるんだ。でもそのときは、あなたみたいに泣いたりしなかったよ」「ちゃんと勉強をやり直したよ」と伝える。

私は、一度だけサッカー部のレギュラーから落とされて、補欠になったことがあります。

前出のサッカー部顧問のM先生は、かつて県の代表選手だったそうです。そのM先生が「山内、俺も一度だけ、大学生のときに補欠になってなあ……」と話してくれたのです。

そのとき、「えっ、あのM先生が補欠？」と、とても驚いたのを覚えているのですが、「先生、それでどうしたんですか？」と聞くと、「当たり前じゃん。練習してレギュラーに返り咲いたよ」。

「山内、お前はどうする？　泣いて、あきらめて部を辞めるか。それとも努力するか。お前はどっちだ？」と聞かれたので、「努力して、絶対レギュラー取り返します！」

と答えました。

M先生は「そう言うと思った。俺はそういうお前が好きだ」ってね。

M先生のように、自分の失敗談を話すことで、子どもをリフトアップすることができるのです。あのときのM先生のやさしいまなざしを私は忘れられません。

とはいうものの、万引きした子どもに「お母さんも五回やっているから、いいよ」なんて、それは違いますからね（笑）。

子どもにとって、大人の姿やあり方というものが非常に大切なのです。

# 第2章 なぜできないのか？どうしたらできるようになるのか？

## 一番困っているのは「子どもたち本人」

保護者や先生はよく「困った子だ、困った子だ」と嘆きますよね。

ところが、違うんです。一番困っているのは、〝子どもたち本人〟なのです。

課題をかかえた子どもたちは、やらなきゃいけないこと、やっちゃいけないことがわかっている場合があるのです。

「どうしてやらないの？」「何回言ったらわかるの！」と、大人たちはすぐ口にしますが〝わかっていても、できない〟ということを理解してあげて欲しいのです。

やりたくないからやらないのではなく、叱られるからやらない場合も多い。

あの子たちは、できなくて、叱られて、自信をなくしているケースが多いのです。

前に書きましたが、私は小学校一年生のとき、マス目の中に文字が書けませんでした。

I先生は「どうして書けないの！　やり直し！」と怒鳴り、かろうじて書いた文字を消してしまいます。でも、いくら直してもまたはみ出る。

「何回言ったらわかるの！　次は叩くよ！」とI先生は怒鳴る。そして頭を叩く。

「叩かないでください！　叩かないでください！」と、必死になってマスの中に泣きながら書く私。叩かれたくないから必死です。

するとI先生は、

「ほうら、山内君、叩けば書けるでしょう？　やれるなら、叩かれる前からやりなさい！」。

I先生にとっては、表紙カバーの写真の通知表にもあるように、私は「強く叱られれば（＝叩けば）やれる子」だったのですね。

ところがある日、I先生が図工の授業でこんなことを言ったのです。

「今日、図工が早く終わったから、ひらがなの宿題プリントを今からやりましょう」

クラスのみんなは、「やったー宿題がなくなる～」って喜びました。

しかし、私は「いやだ！　絶対やりたくない！」と抵抗するわけです。だって怒鳴られて、叩かれることが安易に想像できるから。

「山内君、やりなさい！」とI先生。

「嫌です。僕は家でやります」と私は抵抗します。

実は、家では、母がマスの中に薄く鉛筆で下書きしてくれるのです。それをなぞるので、必ずマスからはみ出さないで書ける。だから、私は「家でやります」と答えているのです。

しかし、I先生は「家じゃないでしょ！　今やりなさい！」「やりなさいって言っているでしょ！」「どうしてやらないの？」と、バーンと私を殴ったのです。

「ぶたないでください！　やりますから、ぶたないでください！」と、私は泣く泣く文字を書き続けました。

すると「何、その字は！　マスから出ている！」って、また殴られました。

〝やらなくて叩かれる〟〝やっても叩かれる〟私は、何も持たずに「もうイヤだ！先生大嫌い！」と裸足のまま家に帰りました。

すると、すぐに校長先生と担任のI先生が家にやってきて、「この子は通常の学級では無理です。明日からは特殊学級（特別支援学級）へ行ってください」と私の母に告げたのです。

違うでしょ。絶対におかしい！

できなくて叩かれて、やっても叩かれて。どっちにしても殴られるのですよ。

もう教室にいられるわけがないじゃないですか。私の気持ちわかってよ！


今は、子どもたちを叩く先生はいません。

叩く先生はいないけど、「どうしてやらないの！」と叱る。

そして、やればやったで、「何それ！　やり直し！」と言う先生は、たくさんいるでしょう？


私を含めて、こうした出来事の積み重ねが、子どもの自己否定感につながっている。

だから、不登校になって一番困っているのは親じゃない。

学校に行きたくても行けず、「本当に苦しんでいるのは子ども本人」なのだという発想にならないといけないのです。


「どうして学校行かないの！」「何で片づけができないの！」

と言えば言うほど、子どもは苦しみ続ける。

保護者や先生は、もっと子どもの苦しみに寄りそっていく気持ちと姿勢が必要です。

そして、子どもたちの特性を受け入れてあげてください。

学校心理士の私からすると、そのためには、まず発達検査（知能検査）を受けて、専門の医師や心理士（師）からアドバイスを受けることをおすすめします。各学校には、心理の専門家として〝スクールカウンセラー〟が配置されているはずです。

## 各種検査を活用する

病院に行ったら、先に血液やおしっこの検査をしますよね。

それと同じように、発達検査（知能検査）をまず受けて欲しいのです。

発達検査（知能検査）というのは、障害者手帳を取得したり、特別支援学級に入れるための資料にしたりするだけの検査ではありません。

発達検査（知能検査）によって、その子の特性や能力のデコボコが見えるのです。

たとえば、相撲の力士は力が強くても、マラソンでは速く走ることができませんよね。持久力の観点からすると、微妙です。

逆に、マラソン選手に腕力があるかといえば、力士にはかなわない。

要は〝体力〟と言っても、さまざまな要素があって、タイプが違うわけです。自分の子どもがどういう特性や資質を持っているかというのは、発達検査（知能検査）である程度明確に見えるのです。

保護者のみなさんや先生のなかで、発達検査（知能検査）を受けた人はあまりいないと思いますが、検査後のフォローにもいろいろあって、「はい、お子さんはＩＱ69です」と数値だけ教えてもらって終わりのようなものもある。障害者手帳発行のための児童相談所で行う検査の場合では、結果の数値すら教えてもらえないケースも多い。

でも、それで終わっちゃダメ。こちらから要求して結果を聞くこと！

そして、できれば検査結果のデコボコを丁寧に解説してくれる医師や心理士（師）さんのところへ行って、具体的にどのような支援や療育、配慮をする必要があるのかを教えてもらわなければなりません。

これが絶対的な条件です。検査結果を次の療育に活かしてこそ検査の意味がある。子どもたちを本当に伸ばしたいのなら、しっかりと検査を受けたうえで、一人ひとりの特性や良さを知り、今後に活かしていくことが求められるのです。

この子は自閉症だから、この子はＡＤＨＤだからと特性をひとくくりにして決めつけてしまうことは、「Ｂ型の血液型は片づけができない」とか、「Ａ型は几帳面」とか、「京都の女性はおしとやか」というのと一緒です。必ずそうとは限らないのです。

そうした一般論で子どもを見ては、だめです。決めつけてはだめです。

だって、我が子はオンリーワンだから。

私は自閉症でも、ペラペラと上手くしゃべるでしょう？

保護者との相談会でも、そつなく話せるコミュニケーション力があるでしょう？

だから、発達検査（知能検査）をしっかり受けたうえで、その子にふさわしい手立てや配慮が必要になってくるのです。

保護者のみなさんは、よく「学力が大切、勉強が大切」って言います。

昔はそうでしたが、今は違います。

今は、「適応能力、社会性」。これが重要だといわれているのです。

むろん、障害者手帳の発行の仕方も変化しています。

昔は「ＩＱ、学力」に重点をおいて知的障害を認定し、障害者手帳を発行していました。ですが、今は「適応能力」や「社会性」とあわせて障害者手帳を発行するようになりました。

今は、医学的にも、知的能力と適応能力・社会性は横並びになっているのです。

たとえば、地下鉄サリン事件の実行犯の中には医師もいました。医学部に合格して、本来ならば人を助けるはずの優秀な人が殺人犯なんて残念だと思いませんか？

いくら頭が良くたって、殺人犯になるようでは意味がない。

先日、ある女子大学生が犯した事件の最高裁判決が下りました。

自閉症の女子大学生が「毒を飲ませたら人はどうなるか」という好奇心から、毒薬を飲ませて人を殺したという事件だったようです。

その子には発達障害の診断が出ていたそうですが、とにかく勉強ができたので地元でもトップクラスの国立大学に入学しました。偏差値の高い大学です。

それなのに、人を殺してしまった。

判決は無期懲役です。

専門の医師が、罪を犯した彼女の特性を必死に説明しました。

しかし、裁判所は、女子大学生は、知的に遅れはなく、判断能力はあったとして発達障害の情状酌量はないと。

なので、通常の判決どおり、最高裁でも無期懲役になりました。

ここまで読んでくださった方はもうおわかりかと思いますが、一番大切なのは勉強ができることではない。ＩＱが高いことではない。

適応能力・社会性があっての学力でないと意味がないのです。

では、その「適応能力・社会性」とは何なのか。

その尺度や基準について、はっきりと教えてくれる人は少ないですね。

現在、適応能力・社会性を調べる検査もさまざまありますが、私が個人的によく使用するのは「Ｓ－Ｍ社会生活能力検査」という検査です。これは、その子がどの程度の社会性を持っているのかを簡単に評価できる検査です。

検査項目は全部で一二九個あって、それが全部できたら、中学校程度の社会性が身に付いているとみなされます。

中学校程度の社会性が身に付いたということは、義務教育の社会性が身に付いたということですね。

つまり、世の中で生きて行くために必要な最低限の社会性が備わっている、ということになるわけです。

ちなみに、大人まで適応能力・社会性が評価できる「ヴァインランドⅡ（Vineland-

Ⅱ※)」という検査があります。世の中で必要なさまざまな社会性が何歳のレベルで身に付いているのか、零歳から九二歳まで判定できるので、保護者のみなさんも学校の先生方も試せます。(※ Vineland Adaptive Behavior Scales Second Edition)

でもやってみたら、自分は一三歳レベルだったという結果ならショックですよね。この検査の義務教育向けが「S－M社会生活能力検査」にあたる、と考えればいいわけです。

私から言わせてもらうと、ご家庭や学校、園でやって欲しい療育とは何か。これらの検査の検査項目が、その中身であると考えています。

S－M社会生活能力検査の質問項目は生活年齢で身に付けるべき内容の順に一二九項目が並んで示されています。

具体的な各質問項目は、「身辺自立」・「移動」・「作業」・「意思交換」・「集団参加」・「自己統制」の大きく六つの社会生活能力領域に分類されています。

保護者のみなさんや先生方は、しばしば、「友だちと仲良くできない」「我慢ができない」「コミュニケーションが上手く取れない」ことを最も気にして指導したり、叱ったりする傾向がありますが、実は大切な観点が違います。

私が考えるに、世の中で一番大切なことは、まず「身辺自立」なのです。

わかりやすいたとえで言うと、自分の旦那が良い旦那かどうかは、飲んだビールを自分で片づけられるかどうか。

自分のビールが自分で片づけられなければ、その旦那はその時点でダメです。

将来出世もしないし、給料も上がらないタイプと言えます。

なぜなら、自分のことが自分でできないのですから。

S－M社会生活能力検査では、まず一番に「身辺自立」の領域が示されています。

なので、小学校では「毎日ハンカチを持ってきましょう」とか、「トイレの後は手を洗いましょう」「提出物は朝自分で出しましょう」と指導していますよね。〝自分のことを自分でやる〟ということが、社会性の中で一番大切なのだということ。

だから実際に、幼稚園教育や義務教育は間違っていないのです。

二番目に示されている大事な領域が「移動」です。

自分で電車やバスに乗って移動ができること。

今、特別支援学校でも自立通学を大切にしています。入学条件にしている支援学校高等部もあります。

それはなぜでしょうか？

障害者雇用で家まで迎えに来てもらえるところは、一カ月間働いても数万円程度の給料しかもらえません（場合によっては数千円）。もし一〇万円、一五万円以上の給料が欲しいならば、自分で会社まで行ける、移動できる力が必須になってきています。なので、保護者と一緒でないと外へ出かけられないというのでは、ダメなんです。

そして、三番目に示されている大切な領域が「作業」。

これは何かというと、「言われた命令、指示がちゃんとできるか」ということ。もちろん、手先を動かして細かい作業ができるかという面もあるのですが、それだけではありません。

「お手伝いしてね」「後片づけをしてね」とか、「〇〇しようね」といった依頼に対して、誰の言うことでも聞く、動けるということが大事なのです。

なので、先生の言うことは聞くけど、親の言うことは聞かないとか、お父さんの言うことは聞くけど、お母さんの言うことは聞かないとか、これはダメです。

六つの領域が示されていますが、まずは、この「身辺自立」と「移動」「作業」の三つが、身に付けさせなくてはならない適応能力・社会性の力と私は考えています。

ちなみに、特別支援学校高等部を卒業後、運良く就労できても、その多くが仕事を続けることができずに辞めてしまっているケースがよくあることをご存じですか？

それはなぜか。

卒業後、就労先の会社には、基本、仲良しだった友だちは誰もいません。

もちろん、自分の特性を受け入れてくれた学校の先生もいません。

友だちがいない会社に一人ボッチで入って、初めて会った不慣れなおじさんから「それではダメ、もっと丁寧にやってよ」とか言われると、「うるせーバカ！」とかになっちゃうわけです。

だから、子どものうちに保護者、先生以外の外部の大人、誰の指示でも聞けるようにするということがとても重要になってくると思います。

つまり、家庭でできても、学校でできても、それだけではダメなのです。外でもできる力を高めておかないと。

とは言うものの、社会に出てから通用しない子どもは、通常の学級でも山ほどいますけれど。

こんなお母さんもいました。

泣きながら私のところへ来て、「家ではできるんです」と話します。

でも、ダメです。

家でできても、外でできないと。

私たちが子どもの頃というのは、いろいろな人とかかわることが当たり前のようにありました。

家の外でいっぱい遊んで、ガキ大将にいじめられたり、通りがかりのおじさんに「コラ！　いじめるんじゃない！」なんて注意されたりしながら育った。

今の子どもたちを取り巻く環境を見てみると、そんなこと、ないでしょう？

決まった人の中でしか生きていない、コミュニティが存在していないのです。

これって実は、社会性という面から考えると恐ろしいことなのかもしれません。

だから、国立大学を卒業した人でも平気で仕事を辞めちゃったりする。

こんなケースもありました。

私の教え子で優秀な生徒だったのですが、三カ月で仕事を辞めたといいます。

「先生、俺、仕事辞めたから」って。フリーターをしているとのこと。

理由を聞いたら、

「やってられないよ。課長から〝お前一回死んでこい〟って言われた。二二年間生きてきたけど、他人から〝死ね〟なんて言われたのは初めてだし、死ねって言われてまで働きたくない」と言うのです。

彼から話を聞くと、「八〇〇〇万円の発注を二回クリックしてしまい、中国から一億六〇〇〇万円の物資が届いてしまった」とのこと。

それを聞いた後、私はすぐに彼の勤務先の上司に会いに行きました。

それで、話をよく聞くと、その一億六〇〇〇万円の物資、花火関係のものだったらしく、返品が難しかったそうなのです。

とはいえ、「何とかしてもらえないか」と発注先と交渉するよう、上司が彼に指示をしたところ、「僕は発注するのが仕事で、返品するのは仕事じゃありません」と返品作業を拒否したそうです。

それで、上司の課長さんが一晩徹夜して返品作業に追われた……。

翌朝、徹夜でヘロヘロになっている課長さんに、彼は「おはようございます。あれ、課長、昨日、帰らなかったんですかぁ？　ご苦労さまでーす！」と笑いながら言ったそうです。

それで、「一回死んでこい！」と上司から怒鳴られた。

「死ねとはなんですか！　こんな会社ではやっていられない」となった。

みなさん、「一回死んでこい！」と言った上司は確かに悪い。

しかし、上司の課長さんの気持ち、わかりますよね？

仕事の内容として、確かに彼の仕事ではなかったのかもしれません。

しかし、こういう「頭の良い学生」って、けっこういます。

こうしたケースからも、適応能力・社会性というのは非常に重要なのですね。

中には、言葉が上手くしゃべれなかったり、集団がダメだったり、我慢ができなかったりしてもできる仕事はありますが、このS－M社会生活能力検査に上から三つ明記されている「身辺自立」「移動」「作業」の力が十分に身に付いていないと、まず一般就労の中で仕事はこなせないと考えていいと思っています。

この三つの領域の力を大切にして日々の支援を行ってください。

## 日本理化学工業株式会社という会社

「身辺自立」「移動」「作業」を大切に実践している会社があります。

神奈川県にある日本理化学工業株式会社。日本のチョーク生産量のほとんどをこの会社がつくっています。全国シェア率も七〜八割あると言われています。

私はこの会社の故・大山泰弘会長のことが大好きで、何回も何回も講演会に参加させていただきました。二四時間テレビにも出演されたりしていましたが、残念なことに、一昨年亡くなられてしまいました。現在は息子さんが社長を引き継いで精力的に事業を拡大されています。

この会社は従業者の七割近くが障害者手帳を持っていることで知られていますが、ここで働いている人は、障害者就労でありながら、ほとんどの人が自立できる満足な給料を受け取っているということに衝撃を受けました。

もし、お子さんが障害者手帳を持っていたとしても、一般就労ができて、満足した給料がもらえれば、ディズニーランドに年に何回も行けるかもしれません。

私は、「どうしたら、この会社に入れるのですか」と大山会長に尋ねました。

そうしたら、大山会長が次のように話してくれました。

1　身辺自立ができること

具体的には、以下のことです。

①朝、自分で起きられること

②学校や会社に行く準備が一人でできること

③チョーク作業で汚れたときに、一人でシャワーを使って着替えられること

2　最寄り駅まで自力で通勤できること

最寄り駅から会社までは会社のバスで送迎しますが、最寄り駅までは自力で来られなければなりません。

3　「やろう」と言われたら、進んでやる子であること

この三つの力を大切にしていると言われました。S－M社会生活能力と同じです。

この会社は、誰でも工場見学が可能です。ほぼ毎日工場見学を受け付けています。ぜひ見学にいって欲しい場所です。

みなさんも、インターネットで「日本理化学工業　工場見学」と検索してみてください。

また、障害者就労を受け入れている他の社長さんからは、面接の内容もうかがうことができました。

その社長の話によれば、なんと、面接会場にゴミを落としておくのだそうです。

面接室に入ってきてから第一声、「ごめんね、面接前にゴミが落ちているから拾ってゴミ箱に捨ててもらえますか?」

これが面接なんです。

全体の二割の子は拾って捨てますが、八割の子が「それ、僕のゴミじゃありません」と言うそうです。

当然、不合格です。

それが、面接試験なのです。

なので、今、課題や特性がある、不登校で勉強ができないなんていうことは、極端に言えばどうでもいい。将来、働けるかどうかは、素直に人の指示を聞くことができるかどうかなんです。

家庭で

「ごめんね、夕ご飯の片づけ手伝って」

「いやだ！」

「次にお風呂入ってね」

「やだよ！」

といった状況では、将来、働けないこと確定です。

すでにここから療育が始まっている、と言ってもいいと思います。

だって、お母さんの言うことが聞けないわけでしょう？　だとしたら、知らないおじさんの言うことなんて、聞けるわけがない。

だから、勉強ができなくても、縄跳びが跳べなくても、

「そんなことはどうでもいいの。ママがお願いしたことをいつも〝うん〟と言ってやってくれる。あなたは素敵な子だし、お母さん大好きだよ」

と言ってあげることのできる子どもに、育てていくことが大切なのです。

そういう声かけや励ましが、子どもの適応能力・社会性につながっていくのです。

## 叱るより褒めることの効果

教育において、褒めることが重要なのは「ピグマリオン効果」と呼ばれ、科学的にも証明されています。

一輪車の実験等が有名ですが、「才能があるよ、必ずできるよ」と言われる子たちと、「ムリムリ、絶対できないよ」と言われる子たちでは、一輪車に乗れるようになる人数が数倍違うといいます。

叱るより褒めることが大切だというのは、どの専門家も認めており、先日対談した教育評論家のあの尾木ママ（尾木直樹さん）も褒めて育てる重要性を語っています。

子どもたちは、宿題をよく「やらなーい」って、言います。

なぜやらないって言うのか、わかりますか？

それは、できないからです。そして、叱られるからです。

だって、子どもたちは間違えたり、上手くできなかったりすると叱られるでしょ。叱られると自信がなくなってしまうからやらないのです。

それについては、前にマス目に文字が書けなかった私の例を紹介しました。

今では、子どもを叩く親や先生はいませんけれど、「何でやらないの！」「何でできないの！」と言ってしまうこと、ありませんか？

そうなると、あの子たちはもう、逃げるしかなくなるのです。不登校になるのは、そのような経験が積み重なったときに起きることが多いのです。

だって、やっても叱られ、できなくて叱られるのです。

こうしたやり取りが、順々に雪のように降り積もっていき、三〜四年生になった頃には、精神的な限界を超えて「どうせ、俺は馬鹿だから」「どうせ僕にはできないし」になる。

〝だったら初めからやらないほうがいい〟〝学校に行かなければいい〟という発想になってしまうのも当然です。

学校心理士の仕事柄、不登校になった子どもたちの話を聞くことが多いのですが、半分以上の子がこういう状態に陥っています。

結局、失敗して叱られて、その繰り返しの結果が〝不登校〟なのだということです。

私は、Jリーグ（特にユースやジュニアユースといった一八歳以下の年代）のサッカーの練習にかかわることが多々ありますが、怒鳴ったり叱ったりしないことが基本です。

「なぜ、そのようなプレーをしたのかな？」と理由や意図を共感的に聞いた後、「君の良いところはこういうところだね。でもここは、こうしたらどうだろう？」というように、助言・アドバイスするという姿勢を大切にしています。

保護者や先生ができる大切なことは

「お母さんは信じている。あなたはできる子。だってママの子だよ」

と言うこと。

そのような言葉が、子どもの持つ潜在能力を何倍も伸ばすのです。

逆に

「あー無理無理。お父さんがバカだから、あなたもバカ」

なんて言っていた日には、その子の潜在能力は半分以下になってしまいます。

だから、私がサッカーのコーチをするときは、「ナイスプレー！　でも、ここを直すともっといいぞ！」と前向きに励まして、コーチングをするのです。「おいおい、何をやっているんだ！」なんて、頭ごなしに否定的に言うことは絶対にありません。つまり、ピグマリオン効果を常に心がけるようにしている。

今や、褒め方も教育も、科学の時代です。人は褒めて伸びるものなのです。

では、ここで褒め方について具体的に紹介しましょう。褒めるといっても、センスや勘でやってはダメなのです。私が提唱している褒め方を順に説明します。

## 「位置付け」「価値付け」「方向付け」という三つの褒め方

人間の褒め方は、私から言わせると基本的に「価値付け」が中心です。

「価値付け」とは、一〇〇点を取ってすごいね、運動会で一等賞になってすごいね、ボーナスもらってすごいね、というようにその結果の価値を認めて褒めることです。

でも、これが中心ではダメです。

私が心理士として伝えたいのは、「位置付け」という褒め方を一番大切にして欲しいということ。

心理学的な面からも、「位置付け」という褒め方が一番効果的だと思うからです。

たとえば、妻に対して「何だ、この夕飯は！　スーパーか何かの出来合いか？　こんなものが食えるか。ちゃんと気持ち込めて作れ！」とか、「なんだよ、そのヨレヨレの服は！　もっとかわいい服を着ろ！」とか言っちゃうような旦那さん。

翌日、テレビで「捨てられる夫特集」なんて観る。それで「こりゃまずい」と思い、三万円くらいのバラの花束を買ってきて、「いつもごめんね。本当は日本一愛しているよ」なんて、突然豹変したように言ったら気持ち悪いですよね。

はっきり言います。

私、妻のことが大好きです。

毎日のように直接、そしてラインで、

「好きだよ、愛しているよ」

「今日、身体大丈夫だった？」

「大丈夫だったよ」

「今日帰ってきたら、何食べたい？」

「今日はカレー食べたいよ」

「じゃあ、作って待っているね」

なんていうやり取りをしています。

私は毎年、妻に一本だけカーネーションを贈ります。一本一六〇円くらいでしょうか。その一輪のカーネーションを「いつもありがとうね」「今年もよろしくね」「お互い病気しないように頑張ろうね」と渡します。

すると妻は「あなた、いつもありがとう。何だか気を遣わせてごめんね」と言いながら、一輪挿しにして、花が長持ちする液体肥料を加えて大切に活けてくれるのです。

では、なぜ三万円のバラの花束が気持ち悪くて、一六〇円のカーネーションを喜んでくれるのか。

それは、日頃の「位置付け」にあると思うのです。

つまり、日頃の旦那さんの妻に対する接し方が、最も大切なんじゃないでしょうか。

「君と結婚して本当に良かった」

「いつも美味しいご飯をありがとうね」

普段からこういうことを言ってくれる旦那さんだからこそ、一輪のカーネーションで気持ちが伝わり、喜んでもらえるわけです。

子どもの気持ちになってください。日頃、「あなたを産まなければよかった」とか、「あなたがいなければ楽なのに！」なんて言うお母さんに、テストで満点取ったときに限って「頑張ったねー」「すごいねー」と褒めてもらっても、ちっとも嬉しくないでしょう?

先生も同じです。「お前なんか、二度と担任したくない」とか、「来年は他のクラスに行けばいい」なんて言う先生が、いきなり「期末テスト、頑張ったな～！」なんて褒めても気持ち悪いし、違和感しか残りません。

ポイントは「褒めること」よりも、「あなたが病気して心配したよ」「あなたが産まれたとき、本当に嬉しかったんだよ」など、家庭や学校において、その子のしっかりした「位置付け」がどれだけなされているかどうかが一番重要なのです。

日頃から、家庭や学校、園の中でお子さんがどう位置付けられているかなのです。

だから、小学校低学年の生活科の授業では、「赤ちゃんの頃の写真を持っておいで」

「どうしてあなたにその名前が付いたの?」とか、「あなたが産まれたとき、お母さんはどんな気持ちだったのかなあ?」なんていうテーマの授業をやって、本人を位置付けるきっかけをつくっているのです。

これは、家庭の中での位置付けを再確認する意味もあるのですね。

要は〝自分がいかに愛されているか〟を認識させられるか。伝えられるか。

日本人は、これがものすごく下手なんです。

「言葉で言わないとわからない」とよく言いますが、発達に課題があったり、知的に障害があったりする子どもには、特にオーバーに動作も入れて「愛しているよ!」「大好きだよ!」って普段から言ってあげていないと、「本当はお母さん、あなたのことが大好きなのよ」と言ってみても「本当か?」と、なかなか褒められている実感がわかないのです。

そういう点が、今の保護者や学校の先生の足りない部分だと私は思っています。

ところが、です。

言っておきます。

旦那と子どもは図に乗るもので、褒めると同じことしかしません。

たとえば、「洗濯物を畳んでくれてありがとう」と言っていると、畳むことしかしません。「洗濯物、畳んでおいて」と頼んだら、洗濯物は畳んでくれるけど、「アイロンもかけておこうか？」なんていう旦那さんは、まずいません。

「洗濯物を畳んでくれてありがとう」だけだと、ずっと洗濯物を畳み続ける。

計算ドリルを頑張ってやった子どもに、「計算ドリル、頑張ってすごいねー」と褒めた後、自分から進んで「ママ、漢字ドリルもやっていいですか？」などと言う子なんて絶対にいません。

次にどうして欲しいのかを、私たちが考えて言わなければダメなのです。

「うわぁー、あなた、ありがとう！　ねぇ、あなたってさ、日本で一番良い旦那さんじゃない？」なんて散々褒めておいて、「あなたと結婚して良かった〜」とさらに焚き付けたうえで、「アイロンもかけてくれたら嬉しいな〜」と言えば、「おう、じゃあやろうか」ときますから。そうしたら、「今度は金曜日の買い物もお願いできるかしら？」なんて、どんどんやらせていくわけです。

つまり、三つ目の褒め方の「方向付け」を付け加えるのです。

保護者の仕事としてはこうです。

「すごい！　ドリルが終わって一〇〇点満点！　さすが、私の子だわ！」って褒めた後で、「でも、音読も聴いてみたいな～。最初の三行だけでもいいから」と続けてみる。もし、音読をしてくれたら「素敵な音読だね～」と褒めつつ、「明日は五行、聞かせてね」なんてね。

でも、あんまり急がせてはダメです。

「ドリル終わったよ！」と子どもが言うやいなや、「音読は？」なんて、求められてしまうと子どもはやる気をなくしてしまいます。

次々にお願いすると「またか！」「いったいどこまでやればいいんだ！」と子どもたちに思われますから。「次はこうすると、もっといいね！」や「〇〇もできたら、もっとすごいよね」というような言い方を、一言付け加えることができるかどうかがポイントだと思うのです。

支援は長い時間をかけてやるのが鉄則です。あわてず、ゆっくり、〃スモールステップ〃でこの三つの褒め方――「位置付け」「価値付け」「方向付け」を大切に子育てしてください。きっと、子どもたちの目の輝きが驚くほど変わるはずです。

## 「手をかける」「目をかける」「気をくばる」という三段階の支援

〝褒める〟ことと併せ、子どもには「手をかける」「目をかける」「気をくばる」という三つの段階を考えて支援をしていく必要があります。私はこれを〝ハミガキ理論〟と呼んでいます。

赤ちゃんの歯磨きで、最初から「自分で磨け」なんて言う親はいませんね。初めは保護者のみなさんが磨いてあげますよね。〔手をかける段階〕

そして次のステップに、子ども自身で歯を磨かせるために、「自分で磨いてみなさい」と歯ブラシを渡します。

けれど、歯でモグモグ噛んだりして、上手く磨けません。

でも「何だ？　その磨き方は！」なんて叱りませんし、上手く磨けていない子を放ったらかしにはしません。仕上げは必ずお母さんがしっかりやってあげるものです。〔目をかける段階〕

そして、仕上げ磨きする必要がないまで上達したら、「それじゃあ、全部一人で磨

いてごらん」と、子ども自身に任せるようにします。〔気をくばる段階〕

これらの三つの段階を意識してお子さんに順に支援していくことが重要です。

たとえば、忘れ物が多いという子がいたとします。

さっきの「ハミガキ理論」をもとに、実践的に考えてみましょう。

子どもの忘れ物が多かったら、まずは親が一緒になって、次の日の準備をしてあげるのです。〔手をかける段階〕

「はい、一時間目は国語、二時間目は算数だね……」というふうに、一緒に準備してカバンに入れていけば、絶対に忘れ物はしません。

「すごいね、ママと一緒だったら忘れ物しないね～」と褒める。

これを一カ月続けてみます。（※焦ってすぐに次の段階へいかないこと）

そして次は、「今度はお母さんがお手本を見せてあげるから、自分で明日の準備をしてごらん」と、子ども自身にやってもらいます。〔目をかける段階〕

（※子どもにやらせますが、必ず付き添って見守ってあげることが大切です）

続けて、仕上げのチェック。

「一時間目は国語、二時間目は算数…うーん惜しい！　ちょっと足りないな〜」

「何、何？」

「じゃあヒント。ノートにはさむモノで形は四角いの」

「あー下敷きか！」

「もう一つ。ペンの仲間で黒くって、名前を書くときに使う……」

「あーネームペンだ」

「そうそう。惜しかったね」

なんて、クイズ形式にしてやってみる。

このように仕上げの声かけをお母さんがやっていくうちに、

「すごいね。この一週間で一つも忘れ物ないよ」

という段階にまで引き上げる。

そして、仕上げの段階、

「もうママなしでも一人でできるね。スゴイね」

と、声だけかける段階に移っていくわけです。〔気をくばる段階〕

発達に課題のある子どもは、人よりも時間が長くかかるだけなのです。

できない子じゃないんです。ちょっとだけ、手をかけ、目をかけ、気をくばってあげさえすれば、必ずできるようになるのです。そう信じて育てていくのです。

だから、特別支援学校は、担任が二人制。支援学級は、少人数制で子どもたちに手厚く支援ができるようになっているのです。

保護者のみなさんの多くが「通常学級」にこだわる気持ちは理解できます。しかし、教育現場の実情から考えると、何十人もいるクラスを一人の担任で指導していくには限界があります。より手をかけ、目をかけ、気をくばってあげたいなら、お子さんに合った環境で学ばせてあげることが大切となります。

これは、放課後の預かりについてもいえます。

だから、普通の学童保育には限界があることも知っておくべきです。

なぜなら、通常の学童保育は子ども四〇～五〇人に対して先生が数人ですから。

われわれが開設している〝放課後等デイサービス〟は、子ども一〇人に対して指導員が四～五人いて、子ども二～三人に先生が一人付きます。

なので、

「たくさん見てあげられる」

「たくさん褒めてあげられる」

「たくさん一緒にやってあげられる」。

お子さんを伸ばしたいならば、〝たくさん手をかけ、目をかけ、気をくばってもらえる環境〟を与えてあげることが、家庭や学校だけでなく放課後についても重要なポイントだと考えます。


今の日本は人口減少に拍車がかかり、どの業界も人材不足になってきています。

外国人を労働者にしなければならない時代に突入し、以前なら切り捨てられてきたであろう障害のある子、支援が必要な子は、今や「できない子」ではなくて、支援をすれば「できる子」になって一人の労働者となることを期待されています。

メガネをかけなきゃならない子は、メガネをかければ見ることができる子。

こういう発想に時代が変わってきています。

今や、大切な人材になってきているのです。

この子たち全員が残りの六〇年間以上、行政から支給される福祉のお金だけで生きていくような子にしてはいけないのです。国も潰れてしまいます。

一人ひとりの力に応じて、できるだけ自立した生活を行い、可能な限り社会に出て、働いていけるようにする。そうした療育が早期から必要だと考えます。

## できることからの出発

保護者や先生の多くに共通して言えるのは、「子どもが一番困っていること」「できないこと」から、やらせようとする傾向にあるということです。

確かに、今困っているから「早く解決したい！」という気持ちはわかります。

しかし、それが、逆に遠回りの療育になっていることが多いのです。「困っていること」は、なかなか改善されないから困っているわけです。それを指摘し続けても改善の見通しはありません。

たとえば、旦那さんに対して、好きなパチンコやタバコをやめろと言っても無理です。だって、結婚して一〇年間、「やめて、やめて」を言い続けているのにやめられないから、無理に決まっています。簡単に改善するわけがありません。

しかし、言い続けます。旦那もいやになってしまいます。仲も当然悪くなります。

ここで、発想を変えてください。

旦那さんには他にも一〇〇個以上の課題があるはずです。

そうしたらね。「飲んだビールを片づけてね」「脱いだ靴下は洗濯機に入れてね」というように、旦那さんが〝一番取り組みやすいこと〟つまり〝できること〟から、やっていくのです。

これは子どもも同じです。

まず、子どもが抱えている課題を全部紙に書き出してください。

たくさんの課題の中で、一番できそうなことから取り組んでいく。

「朝、起きられない」とか「学校に行けない」という、困難なことからではなく、「一番簡単にできること」から始める、
たとえば、「ゴミは自分で捨てる」「手を洗う」「食事の片づけを自分でする」など。

それが特別支援教育の基本です。

つまり、怒鳴られて殴られて嫌になって教室を飛び出していった、私の逆パターンですね。
①「言われたことができる」

②「できて褒められる」
③「褒められて自信がつく」
だからやって、またやろうという意欲が出てきて、さらに褒められる。

この①〜③の良いローテーションが、子どものやる気につながっていくのです。

特別支援の必要な子や課題のある子の特徴は、放っておくと、さっきの私みたいに「言われたことができない」「できなくて叱られる」「叱られるからやりたくなくなる」といった〝負の循環（ローテーション）〟に陥ってしまう。

だから、意図的に〝できることから〟取り組ませていくことが大切なのです。

これに比べて、定形発達の子は放っておいても、「できる」「褒められる」良いローテーションで回っていくことができるからよいのですけれど。

だから、特別な支援が必要な子は、まずはできることからやらせていく。

子どもたちをダメにするか良くするかは、取り組ませる大人次第なのです。

そして、周りの子と同じにしようとするのではなく、まずはこの子のできることからやらせて、褒めていく。〝できることからの出発〟という発想が大切です。

良いローテーションができてくると、子どもが自分でやるというフェイズへと自然に移っていきます。

一八歳までにその良い経験をどれだけ積んだかが、将来の自立した生活や就労につながっていくのです。

つまり、一般の通常教育は、〝できないことへのチャレンジ〟が主になる。

「今日はこんな高い跳び箱にするよ。跳べるかな？　できるかな？」

「では、跳んでみよう！」

そう、彼らはこれまでに「できた！」という経験や自信があるから、チャレンジしようと思うのです。

一方、課題のある特別支援が必要な子は、今までの失敗経験がとにかく多く、不安だけが大きくなって、自信もないわけです。

だから、意図的に「できることから出発する」教育を実践していくことが大切なのです。

〝ヤラセ〟でもいいのです。成功体験を一つでも増やしていくことを心がけていくことによって、「できた！」という経験をたくさん積ませて、自信という宝物を本人にたくさん身に付けさせていくのです。

私は、これが特別支援教育の根幹にあるものと考えています。

## 叱るときのポイントとは?

今まで、褒めることの大切さを説いてきました。

しかし、〝ダメなことはダメ〟と、しっかり指導することも大切です。

私は知的障害や脳性マヒの人のサッカーの全国大会の審判をやった経験が何度かありますが、たとえ障害があったとしても、試合中に人を殴ったら即退場です。当然です。競技規則にある通りです。特例はありません。

いくら知的障害であろうが脳性マヒであろうが、これがルールなんです。

人を毒殺して無期懲役が確定した自閉症の女の子の例のように、日本の法律というのは、発達障害が認められても、大きな知的・情緒障害が認められないと減刑にはなりません。本人に分別がある者には、減刑されないというのが通常のケースです。

なので、知的に遅れがない発達障害の子どもは健常者と同様に裁かれることが多いのです。

だからこそ、〝ダメなことはダメ〟と、今からしっかり教えていくことが重要になるのです。

褒めることも重要だけれど、発達障害の子は、「事前にしっかり指導すること」を心がけなければいけない。

すでに存在している法律を破ることは、犯罪になるわけですから。


私は学校の先生だったときに、次のように子どもたちに伝えていました。
①「殴る、蹴るは許しません」
②「うざい、殺す（言葉）は許しません」
③「同じことを三回注意したら、厳しく叱ります」
先生が叱るのはこの三つ。それ以外は、〝ニコニコ先生だよ〟と言っていました。

子どもたちにとっても、どうして先生が叱るのか、たとえば三回同じことを注意されたからとか、自分で理由がわかりますから、叱られる子どもも納得できる。

大人は、しばしば〝後出しジャンケン〟をしてしまいます。

「なんでそんなことをやったの！」と叱られたとき、私の経験からも「もっと早く言ってよ！」ということが、けっこう多くある。

子どもたちからすると「お母さん（先生）は何をしても叱る〜」と訴えることにつながるわけです。

なので、よくよく決めておいてください。

「ママが叱るのは、こういうときだよ」と

ルールを事前にしっかりと決めておくだけで、意外とトラブルは減るものです。

こんな例もあります。

学校の先生時代、朝から泣いて登校する子どもがいました。

「どうしたの？」と聞くと

「ママに叱られたの〜」

「どうして叱られたの？」

「わからない〜」

って、泣き続けるんです。

何となく、想像つきませんか？

叱られた理由をその子に尋ねると、朝起きるのが遅くて叱られ、ふとんを畳むのを忘れて叱られ、ご飯をこぼして叱られ、着替えが遅くて叱られ、忘れ物をして叱られて、「行ってきます、の声が小さい」って叱られて……。

そりゃ、朝からこれだけ叱られれば、よくわからなくなりますよ。

でも、こういう子、けっこう多いのです。

お母さんたちからすれば、朝からイライラの解消なのかもしれませんが、担任の立場からすればたまったものじゃないです。

マイナス一〇〇くらいの状態で、登校してくるわけですから。

前出の〝山内先生が叱る三つ〟と褒めることとのつながりについて、もう少し解説したいと思います。

「殴る・蹴る子を叱る」ということは、言い換えれば〝乱暴しない優しい子を褒める〟こと。

「うざい・殺すと言う子を叱る」のは、〝温かい言葉や優しい言葉を話す子を褒める〟こと。

「同じことを三回注意されたら叱る」ということは、〝言われる前に進んでやる子を褒める〟こと。

つまり、〝叱る観点を明確にすることは、褒める観点を明確にする〟ことでもあるわけです。

なので、おすすめなのが、「これをしたら褒められる」「これをしたら叱られる」という内容や項目を紙に書いて貼っておくこと。事前に予告しておくこと。これらを家庭や学校の中で、明確にされたらどうでしょうか。

## 子どもたちに進んでやらせる方法

私の経験の中で、とっておきの「魔法の言葉」があります。

「一緒にやろう」です。

私は幼少期、プラレールが大好きでした。八畳の部屋にいつもプラレールを目いっぱい広げて遊んでいました。夕方六時には遊びをやめて、「片づけをするんだったら、遊んでいい」という母との約束がありました。でも、楽しくてしょうがないので、六時になっても片づけを始めるわけがありません。

ところが、ウチの母親は絶対に叱りませんでした。

「康彦〜。もう六時になったから、お母さん、片づけ始めるね」と告げ、私から遠いところから、「一緒に片づけようね〜」と言って片づけ始めるのです。

本当に優しい母親です。

まあ、これ見よがしに私の目の前の場所を片づけ始めれば、私がブチ切れるのですが、あえて今遊んでいない一番遠いところから片づけていくのです。

とはいえ、夕方六時にはやめる約束をしていますから、母を責められません。

母が順々に片づけていき、いよいよ列車が動かせなくなってきてやっと、「もう、しょうがないな」と私も片づけ始めます。

約束を破り、一〇分を過ぎてからようやく片づけ始めた私に、母はこう言いました。

「康彦はえらいね。お母さんに言われなくても、ちゃんと自分から片づけられるから。お母さん、そういうところ素敵だと思うよ」と。

いやいや、ぜんぜん進んで片づけていないし、開始が一〇分以上も遅れています。

母が片づけを始めたから仕方なく片づけているにもかかわらず、母はそう優しく言ってくれる。

さらに、八割ほど母が片づけて、私は二割しか片づけていないのですが、「康彦はきちんと約束を守ってくれたから、明日も六時まで、プラレールやっていいよ」

とまで言ってくれるのです。

これを繰り返していくうちに、私は母にこう言いました。

「お母さんもういいよ！　一人で片づけできるから」

わかりますよね？

子どもって、そういうセリフが自分から出てくるのです。

母は驚いたように言いました。

「本当!?　康彦、大人になったね。もうお母さんいなくても、全部自分でできるんだね。素敵だね。やっぱり三年生になると違うね」

そんなふうに褒めて、褒めて私をずっと育ててくれたのです。

できないことに対しては、「何でやらないの？」「何でできないの？」ではなく、「一緒にやろう」でした。

たいていの子どもの親は、「やりなさい、やりなさい！」と「どうして、できないの？」を繰り返してしまう。

一方、うちの親は「やりなさい」ではなく「一緒にやろう」だったのです。

実はこの「一緒にやろう」というのが、とても大事な魔法の言葉なのです。

どんなときにも、子どもに共感的に寄りそうということです。

父親とはこんなことがありました。

ある日、父が魚釣りに行こうと私を誘いました。

魚釣り？　正直イヤですよ。だって、ミミズは気持ち悪いし、魚はヌルヌルしているし……。

しかも、自閉の子は新しいことをすることが大嫌いです。

すると父は、

「いいよ、いいよ。お父さんが釣るから、康彦は焼いて食べていればいいじゃないか」。

父からそう言われて即、「行く」と返事をしました。

父と連れだって魚釣りに行ったら、びっくり。父がわずか一分間で三匹も釣ったのです。

「釣れた！　また釣れた！　うわぁ、また釣れた！」

と面白いように釣れるのです。

そんなタイミングで「お前もやるか？」と聞かれたので、「うん、やる〜！」と私は答えました。

その日、なんと私は魚を三〇匹も釣ったんですよ。

帰り際、釣れたことが嬉しくて、嬉しくて、父に「また釣りに行きたい！」と話すと、父も「だろ〜？　魚釣り、好きになっただろ？」って。

ただし、この話には後日談があります。

魚がすぐに釣れたのには訳があります。父がバケツ三杯分のニジマスをお金を出して買って放流していたのです。キャンプ場指定の川に。それは釣れますよね（笑）。

翌月も父と釣りに行ったら、父は必ず川を背にして車を停めて、「ちょっと待ってろよ〜」と私にジュースを渡し、その隙に五〇〇〇円を払って、バケツ三杯分のニジマスを買って放流するわけです。

そりゃあ、腹を空かしたニジマスを放流するのですから、餌を付けなくても釣れるわけです。それでもって、その日も三〇匹以上、釣りあげました。

釣ったニジマスを持って、家に帰ると、おばあちゃんが「そうか、康彦が釣ってきたのか！」と甘露煮にしてくれる。

当然、三〇匹も食べきれません。近所に配りに行くと「康君がこんなに釣ったの！へえ～すごい！」となって、「また、釣りに連れてって！」となるわけです。

わかりますか？

つまり、父が「一緒にやろう」と、私に成功体験を積ませたのです。

これ、はっきりいって〝ヤラセ〟です。

でも、「魚釣りに行くぞ」と連れていかれて一時間釣れなかったとしたら、私はもう二度と魚釣りに行かなかったでしょう。

それで結局、私は魚を三〇匹以上釣るという経験を一〇回もしたんです。

そりゃあもう、その後は〝釣りマニア〟ですよ（笑）。

だって、毎回三〇匹以上釣るのだから、面白いに決まっています！

つまり、私のような、発達の課題のある子がなぜやらないかというと、「失敗する」「上手くいかない」という思いが強くあるからやらないのです。

だから、私がかかわっている学校や放課後等デイサービスでは、宿題も片づけも掃除も「一緒にやろう」が基本。先生や指導者が、横で一緒になってやってくれるっていうことを指導の基本としています。そのことが、どれだけ子どもたちにとって安心できて嬉しいことか。

でも、通常の学級では無理です。三〇人以上も子どもたちがいるから。

「お宅のお子さんだけではないのです」と言われて、片づけられてしまいます。

では、なぜ課題のある子や特別支援が必要な子どもたちは、「やりたくない！」「イヤだ！」と拒否するか。否定的な考え方が先行するのか？

私は心理士ですから、こんな分析をしています。

人は、どんなときに意欲的に取り組もうとするのか。四つの観点がカギを握っていると思います。

①楽しくて、面白い、やってみたいから
②できる、わかって、上達するから
③褒められて、認められて、表彰されるから

④怖くないし、安全だから

では、一つ例題です。

子どもが宿題をやりません。「やりたくない」とよく言います。

それはなぜか。

1：面白くないから

2：できないから

3：叱られるから

4：叱るお母さんや先生が怖いから

当然、やるわけありませんよね。四つとも×のわけですから。

それでは宿題をやらせる方法について、回答を言います。

宿題を面白くすることは無理です。しかし、できる、わかる宿題にするということは可能です。

つまり、宿題を減らしたり、その子のできる簡単な内容にしたりしてあげる。

もちろん、間違ったところを直すのは先生の仕事です。

私のような発達障害の特性を持つ子は、ピンってはねられたり（✓）、消されたりするのが大嫌いです。

なので、親がやるべきことは、合っている答えに○を付けるだけ。

「お母さん、なんでここに○を付けてくれないの?」と聞かれたら、「うん。そこは先生に見てもらいなさい」って答える。

お母さんは絶対に叱らず、できたところを褒めてあげるだけ。それが保護者の役割です。

そうすれば、子どもにとって、お母さんは怖くなくなる。

もう一度言いますよ。

本人ができる宿題にして、お母さんは○を付けるだけで×は付けない。間違えたところは、先生にやってもらう。まさに先に述べた〝できることからの出発〟です。

だって、学校が出した宿題ですからね。そうすればお母さんは怖くない。

たとえ①の観点の×が一つあっても、他の②～④に○が三つあれば、多数決の理論で、〝子ども自身が進んで意欲的にやる〟ということになるわけですね。

でもただ放っておくと、全部×になっていってしまいます。

だから上記の四つの観点から、なぜあの子たちがやらないのか。どうすればやれるようになるのか。角度を変えて支援してあげることが必要と思います。

そもそも〝宿題とは何か〟を考えると「学校で習ってできるようになったことの定着」です。「できないことやわからないことを教えてできるようにするのは、学校の役目」です。保護者は〝教育のプロ〟ではないのですから。

最近は、教え方や教える内容が変わってきています。保護者が習ったやり方で教えると
「学校と教え方が違う」「そんなふうに学校ではやっていない」

と、子どもたちを混乱させることもあります。

学習面でできないことを教えるのは、学校の役割なのです。


そして、もう一つのポイント。それは、子どもたちにやらせるために重要なことは「親が決めないこと」です。

なぜか。

子どもに、「自分が決めたんじゃない」という逃げ道を与えてしまうからです。

だからといって、本人に考えさせてもダメなんです。

そうすると今度は、「そうなるとは思わなかった」「そうなるとわかっていたら、やらなかった」という新たな逃げ道をつくり、結局やらないからです。

難しいですね。

では、どうするといいか。

方法はこれです。

〝本人に選択させる〟こと。

まず、選択肢は保護者や先生が用意しますが、どれを選択するかは本人に決めさせます。本人が選択するということは、〝自分で決める〟ということ。子どもの逃げ道を一つ消します。

その上で、今度はあらかじめメリットとデメリットをしっかり説明するのです。つまり、先の見通しをすべて話すのです。そうすることで、子どもに「そうなるとは思わなかった」という言い訳をさせないのです。

保護者や先生が路線を引いてあげる。

でも、決めるのは子ども自身。

大人が勝手に決めるのではない。本人だけに決めさせるものではない。子どもの進路や就労、取り組むべき課題について、周りの大人がある程度よいと思ったもの、その子の特性にあったものから、子どもに自ら選択させるという方法は非常に有効な手立てであると、私の実践から考えています。

私の経験上、喫緊の選択は〝中三卒業後の進路〟となるでしょう。

現在、中卒で満足な就労をするということは現実的に厳しいものです。

となると、「特別支援学校高等部か、高等学校進学か」という選択になり、どちらを選ぶかによって、その後の人生がかわるとともに、今取り組まなくてはならない内容も違ってきます。（※特別支援学校は、原則高等学校卒業資格がない場合が多い）

現在の在籍クラスについても、特別支援学級のままでよいのか、通常の学級に変更する必要があるのかという問題も出てきます。

少し早いうちから、学校の先生とよく話し合っておくことが重要です。

# 第3章 学校との連携のあり方と具体的な支援のあり方

## 「言われてからやる」のが公務員

ここでは学校や園との連携、あるいは具体的な支援の方法について、解説していきます。

学校の先生というのは、子どものためになる支援やノウハウをたくさん知っています。

ところが、「お母さん、こんな支援をしましょうか」「○○君のためにこんな進路がいいと思いますが……」というようなことを、学校や園の先生から積極的に言ってくることはめったにありません。

たとえば「この子のために通常の学級に戻しませんか？」や「この子は、特別支援学校ではなく高校に進学させるべきです」等々。

なぜなら、先生は公務員ですから。そして、毎年のように担任が変わり自分でその子の将来の責任が持てないから。

結局、保護者から言われてからやるのが、公務員、先生たちなのです。

良い例が税務署です。確定申告を出し忘れたらどうなるか。還付金などのお金は還ってきませんよね。税務署から「お宅、確定申告忘れていませんか？　年末調整ちゃんとやってください」とか、「医療費控除の申請、忘れていますよ。五〇〇〇円が還ってくるんだから、やり直しましょう」なんて、教えてくれる税務署の職員はいませんよね。

還付の申請は、私たち自身が申告するから税金が還付されるわけです。

先生だって同じです。保護者のみなさんが頼まない限り、先生は進んでサービスしてくれないと思ってください。

そのことで、私は先生時代につらい思いをしたことがあります。

あるお母さんに
「お子さんが、学校に行きづらいみたいなんです。だから、朝、私がご自宅まで迎えに行こうかと思うんですが」

と伝え、私はその生徒を迎えに行っては何日か一緒に登校していました。

そうしたら、別のお母さんから、

「先生、〇〇君の家に毎朝迎えに行っているって聞いたんですけど、なんでそんなことをするんですか？　ウチにも来てください。ウチの子が〝学校行きたくない〟って言ったときは、〝様子を見ましょう〟って言いましたよね。何で○○君の家には迎えに行くんですか？」と。

「わかった、先生、○○君のお母さんと特別な関係なんでしょ！」

こんなことを本当に言われることがあるんですよ。

つまり、学校の先生というのは、「やりましょうか」と言ったら、原則すべての子どもに同じ教育的サービスをやらなきゃいけないのです。公務員だから。

「お宅のお子さんだけに」なんて、サービスしたら苦情が来る。全員にやれないなら、「やる」と言ってはダメなのです。

これが公務員としての原則なのです。

逆に言うと、お母さんから依頼されたことであれば、できるかもしれない。

立場上、「なぜやったのか」と聞かれたときに「お母さんから頼まれました」と、お母さんのせいにすることができる。

すなわち、学校との連携に関しては、保護者のほうから進んで積極的にお願いすることがポイントになります。

当然、学校や園への言い方には注意が必要です。

## 医師や心理の専門家の意見書を活用する

学校や園に対して、どのようにお願いをしたらいいのか。

専門家として、良い方法をお教えします。

実は、学校や園の先生たちもどう支援していいのか困っているのです。

先生方はみな教員免許を持っていますが、私のように特別支援学校の免許を持っている人は、ごくわずかです（全体の五％ぐらいといわれています）。そして、この五％のうちの約半数が特別支援学校の先生として勤務していますから、通常の学校であれば、先生一〇〇人に二～三人程度しか特別支援の専門の先生がいないということになります。

だから、実のところ、不登校の子や課題のある子、発達障害の疑いがある子に対し、先生たち自身がどう教えていいのかもわからないのです。

誰だって病院で皮膚科が出産するところだとは思いません。出産は産婦人科の担当ですよね。

しかし、医師の国家資格って、全部の科が共通試験になっている。医学部を出て、国家試験に受かりさえすれば、内科、産婦人科、外科、小児科などの専門科のどれを選ぶかは自分で決められるのです。でも、出産するなら産婦人科に行く。それは「その道のプロ」、専門科だからです。

つまり、普通の先生に特別な支援をお願いするというのは、皮膚科の病院が「破水したから出産したい」と言われて、「僕は皮膚科の医師です」と断ろうとして、「でもあなた、医師免許を持っているんでしょ?」と言われるのと一緒なのです。

「不登校の子に対応してください」「発達に課題があるから対応してください」と言う相手が、数学や英語が専門の先生だったりする。

特別支援の専門的な勉強を一切しないまま先生になっている人のほうが、圧倒的に多いのです。

そういう意味で、先生たち自身も困っているといえるのです。

専門ではない先生に「やれ」と言っても無理な話。整形外科医に「無事出産させろ」と言うのと同じことなのです。

では、具体的にどうすればいいのか。

医師や心理士（師）に「意見書」を書いてもらうのです。

ドラマなんかでよくありますよね。飛行機の中で出産というとき、ＣＡさんが「どなたかお医者様はいらっしゃいませんか？」ってアナウンスする。医師免許を持っている人を探すんです。お医者さんなら、無線で地上と連絡を取り合いながら、対処・対応が可能ですから。

では、私たちが接している子どもたちに対してどうすればいいか。

まずは、発達検査（知能検査）を受けることが重要になってくる。そして発達検査（知能検査）の結果が出たら、その結果に対して適切な支援方法を意見書としてお医者さんや心理士（師）に書いてもらうのです。

たとえば、

「山内君は、全体的な知的な遅れはないが、能力に大きな凸凹がある。算数は得意なので、通常学級の内容と同じでよいが、ひらがなや漢字練習や日記は苦手なので書き取りには大きいマスを用いる必要がある。また、ＬＤ（書字障害）の傾向もあるので、書く内容が多い内容については、課題の量は通常の半分程度が望ましい。場合によっては、保護者や先生が薄く下書きした文字をなぞるところから始めることも方法としてはある。タブレットを使った学習も有効である」

といった具合です。

そして、意見書を学校の先生に提出するときには、ポイントがあります。

「先生に渡すよう、病院のお医者様からこれを預かってきました」

本当は、保護者のみなさんが、医師に頼んで書いてもらったとしても、そう言えばいいのです。

ちなみに、「ウチの子を配慮してくれ」と保護者のみなさんが学校に直接手紙を書いても、配慮をしてもらうのは難しいです。なぜなら、発達の課題がある子の割合は通常学級の中でも六・五%と文部科学省は公表しています。つまり、どのクラスにも数人は配慮や支援が必要な子がいる計算になるので、多忙な教員が、そのすべての子に対して適切に配慮することは大変難しいのが現状なのです。

しかし、医師が「この児童は牛乳アレルギーです」と書いたら、学校の先生は牛乳を飲ませますか？　絶対に飲ませませんよね。

だって、医師による診断が付いていますから。「牛乳アレルギーです」と書かれてあるのに、飲ませて具合が悪くなったら、学校は大問題になってしまいます。

子どもたちの適切な支援のためには、医師と心理士（師）といった専門的な力を上手に使うとよいのです。

私も学校心理士として、意見書を年に数十枚書きます。「この子はこのようにしてあげてください」と印鑑を押して提出すると、ほぼすべての学校の校長先生、先生方はその通りに配慮してくれます。

私は教員生活の多くで学年主任を務めてきました。注意しなくてはいけないのは、学年主任のクラスには、「ドラえもん」の〝ジャイアン〟のような子が多いということです。

逆に、大学を出たばかりの若い先生のクラスにはジャイアンがいない。

ベテランの学年主任のクラスには、他にも問題のある子、暴れる子が集中しているケースが多いのです。ちなみに、暴れる子は暴れる子を見ると共鳴して暴れちゃうんです。そして、学級崩壊へとつながっていきます。

だから、クラス替えのときには、〝経験のある学年主任のクラス〟という観点より、〝一番落ち着いたクラスに入る〟ことを優先したほうがいいと考えます。

意見書に、たとえば、

「クラス編成にあたっては、山内君が苦手とするジャイアンやスネ夫のいる環境を意図的に避けるだけでなく、山内君を共感的に理解してくれる〝しずかちゃん〟や〝でき杉くん〟のような子を意図的に隣席に配置することが望ましい」

と書いてもらう。

医師によるそうした意見書があれば、クラス編成のときに配慮してもらえるのです。これを「合理的配慮」と呼びます。

医師を上手く活用することで、学校の先生も動きやすくなるのです。

また、「黒板が見えません」と訴える子、なかなか席を前にしてもらえませんよね。眼科に行って、「視力が悪くてメガネが必要だ」と書いてもらえば、前にしてもらえる。これも合理的配慮、理由が合致しているからです。

明確な、そして専門的な理由が伴っているとわかれば、学校は必ず配慮してくれるものです。

ところが、保護者のみなさんが単独で学校に対して意見をすると、「モンスターペアレント」と呼ばれてしまう。保護者の主観で合理的配慮が伴わないからです。とはいうものの、正直な話、医師や心理士（師）にとって、意見書を書いても手間はかかるが、あまりお金にならない。だから、書きたくない。それが本音です。そこは、保護者のみなさんから、「学校が動いてくれないので書いてください」と切実に強くお願いしなければなりません。

当然、進んで意見書を書いてくれるお医者さんに診てもらわなくてはダメですよ。お願いをしたらちゃんと書いてくれる、という医師を探すことが前提です。

## 支援計画に記録や今後の目標を明記する必要性

文部科学省が通常学級の生徒も含め、必要に応じて作成することになっているのが、「個別の支援計画」です。

これは何かというと、中学三年生までの公式な引継書にあたり、特に支援学級、特別支援学校の子どもたちは絶対作らなければならないものとなっています。

通常の学級に在籍している子どもたちについても、必要に応じて、保護者の希望に応じて作成することになっています。

ご存じの通り、多くの学校では、毎年担任は替わります。特別支援学級においても、小学校六年間がすべて同じ担任で終わることは、非常にまれです。ましてや小学校六年間同じだった担任がタイミング良く中学校に転勤し、義務教育九学年すべて担任が同じだったということは絶対にありえません。

そのため、質の良い継続した支援を行うために、子どもたちに関する大事な情報は毎年のように変わる担任に確実に引き継がれなければなりません。

ところが、専門家による意見書や保護者からの手紙などが一般の書類として引き継がれない、残されないケースがあるのです。

すると、支援に必要な配慮など大事な情報が引き継がれないで、また再度同じ意見書を書いてもらわなくてはならない事態が起きる。そうしたことが起きないように、支援計画書類の中に意見書などをホッチキスで綴じておく、または、この生徒はこういう配慮が必要だとか、具体的に記載してもらう必要があるのです。

私が居住している岐阜県K市の小中学校では、毎年、保護者に個別の支援計画の内容を確認してもらい、押印してもらっています。保護者の納得のいく引き継ぎが確実に行われています。読者のみなさんのお住まいの地域の学校はどうでしょうか。

私が日本全国で講演会や相談会をしていると

「個別の支援計画なんて見たことない」

と、言われる方が意外と多くいます。恐ろしいことです。

支援計画には、さまざまな引き継がれる重要な内容が書かれていますが、私が最も大切にしたい内容が「中三卒業後の進路」です。

たとえば、特別支援学級の子であれば、

「普通科の高校に進学するために、いつまでに通常級に戻さないといけないか」

「卒業後、条件の良い就労先へ行くことができる、高いレベルの入学試験がある特別支援学校（高等特別支援学校といわれる学校）へ進学するために、特別支援学級の中で、どのような学力・作業力・面接力を身に付けないといけないか」。

そうした見通しを保護者と学校がしっかり決めておかないと、「そんなこと急に言われても、無理です」となってしまう。

「どうして早く教えてくれなかったんですか」

と学校に詰め寄っても
「どうして早く言ってくれなかったんですか」

とかわされてしまう。

そんなケースが非常に多いのです。

保護者の中には、「入学時は特別支援学級ですが、そのうち通常級に戻しますからね」という約束で、特別支援学級に子どもを入れることで納得したのにもかかわらず、いつまで経っても特別支援学級のまま、通常学級との交流も少ないというケースがよくあります。

「話が違う。通常の学級に戻すと約束してくれたじゃないか」と抗議しても、「誰が言ったのか」「前の前の前の校長先生がそう言いました」ということになる。

だから、学校、先生との約束事はちゃんと書類に残すことです。そして、毎年その進捗状況について保護者も確認することが大切です。

先日問題になった「桜を見る会」もそうです。最高峰の公務員ですらデータを消去してしまうぐらいですからね。

〝紙に記録を残す〟〝毎年確認する〟ということは、保護者にとっても公務員にとっっても、そして、継続的な支援を必要とする子どもたちにとっても、重要なことなのです。

医師からの意見書を個別の支援計画とともに保存してもらい、子どもへの配慮を継続的にやってもらうということは、やはり、きちんとお願いをしなければなりません。まずは、各学校に確認してください。

また、最近では、特別支援を必要としている子どもの事例に対して、学校だけでなく各関係機関がチームとして取り組む「支援会議」＝「ケース会議」に注目が集まっています。こちらも原則、保護者が要望することによって動き始めます。待っていても何も進まないのが、特別支援教育なのです。

この取り組みは、中長期的に継続されていくもので、定期的、継続的に実施されなくてはいけません。

個別の支援計画は、支援会議などを踏まえながら、保護者が学校と連携し、確認を取りながら、個別の支援計画に毎年押印することが望ましいと思います。

## 「カレーライス理論」

現在、学校の勉強ってすごく大変になってきているのを、ご存じでしょうか。

たとえば、この葉っぱのこと、何て呼ぶか知っていますか？

この葉っぱ、みなさんは、〝フタバ〟って言いませんでしたか？

今の学校では、小学三年生でこれをフタバって書くと×になります。今はこれを「子葉《しよう》」と書かなきゃいけないのです。

植物にはトウモロコシやイネのような一本しか芽が出ない「単子葉類」と、ヒマワリやアサガオのように二つ芽が出る「双子葉類」があります。実はこれ、中学校の理科で習うのです。ところが小学三年生の段階で、単子と双子の分類の前に「子葉《しよう》」を習う。これは、ゆとり教育からの脱却です。このように、勉強がどんどん難しくなってきているのです。教科書も各教科すべて分厚くなりました。

ところが、教科書の中身を全部やらせたいのが学校というものです。

しかし、全部やらせようとすると、子どもができないのです。

これに対して、私は「カレーライス理論」と呼ぶ方法で対応することをおすすめします。

「カレーライス理論」とは何か？

カレーライスには、ルーとライスと福神漬けがあります。ルーは絶対に必要です。だって、ルーがなければカレーになりませんから。

でも、ライスの量は半分でもいいですよね。福神漬けはなくても構いませんよね。

そうです。すべて規定の量を絶対食べる必要はないわけです。

こうした考え方、子どもたちが学ぶ学習内容にも当てはまると思います。

もちろん、本当は全部やったほうがいいに決まっています。

でも、絶対やらなきゃならない勉強と、半分でいい勉強と、今やらなくてもいい勉強。そのメリハリをつけて学習していくことが、大事だと思うのです。

端的にいうと〝捨てる勇気〟です。

全部の学習（宿題）をやらせようとするから、夜遅くまで取り組んで眠れなくなったり、朝起きられなくなったりして、勉強がイヤになって、さらにどんどん遅れていってしまう。本当にやらせるべき内容と、やらなくていい内容を考えてください。


ここで、「学習量が多くて大変だ」という子どもに対する支援のアドバイスです。

仮に通常の学級に通っていて、

「宿題を減らしてください」

と担任の先生に頼んでも
「通常のクラスにいるのなら、みんなと同じ、絶対減らしません」

と言い返されることがよくあります。

そうしたら、こう言ってください。

「学年で身体の一番小さい子の給食は減らしますよね」

学年で一番身長が低くて小さい子に、

「これは三年生の標準の給食量だからといって、無理やり口にねじ込んだら、吐きますよね、これって体罰ですよね」

「身体が小さい（胃袋が小さい）子の給食の量は少なくするのに、学習能力（ＩＱ）が高くない子には、勉強については詰め込もうとする。おかしくないですか」。

これが現在の教育の間違いです。身体の小さい子の給食を減らすように、勉強が一杯一杯で課題がある子は、学習も減らしてあげればいいのです。

〝給食は減らすが宿題は減らさない〟のは、単なる思い込みや偏見です。

私が担任をしているときには、たとえば次のような工夫をしていました。

基本的には、算数の計算については必ず取り組ませます。

なぜかというと、算数は積み重ねの学習だから。足し算や引き算ができないと掛け算や割り算の学習に進めません。足し算・引き算・掛け算・割り算が理解できていないところに、新たに分数や小数の学習を加えることも難しいです。だから、算数の基礎的な計算については頑張らせました。

（※計算ドリルの量が多いときには、「今日は偶数の番号を」「明日は奇数の番号を」といって半

分にすることはありました）

必ず半分にしたのは、漢字練習や日記です。

日記は半分の分量で十分です。

なぜ必ず一頁やらないといけないのでしょうか？

漢字練習やひらがな練習も同じです。最後の一マスまでやらなきゃダメ。一マスでも空いていたらやり直しとか。まるで地獄の拷問のような学習です。

あんなのは、減らしていいのです。

子どもたち本人もわかっているんです。

「何でこんなに繰り返しやらないといけないのか？」と。

やってもやらなくてもいい宿題っていうのは、たとえば音読です。

いや、もちろん、やったほうがいいに決まっています。

しかし、音読よりもまずやらなければならないのは、積み重ねのある算数の計算のやり方だったり、ひらがなの学習だったりします。この辺の軽重を付けていくことがポイントです。

また、文章問題よりも、まずは正しく計算できることのほうが、大事です。

計算の仕方が十分理解できていないのに、さらに理解しにくい文章問題をやらせても、子どもは勉強嫌いになるに決まっています。

先生は教えるプロなので、「本当にやらせなくてはいけない学習内容と思い切って減らしていい内容」を知っています。家庭と相談してメリハリを付け、その子に合った学習（宿題）計画を立てて無理なく取り組ませていくことがポイントです。

「通常の学級だから、一律にみんなと同じ量の宿題・学習でなければなりません」という理屈は間違っているのです。

ですから、

「みんなと同じ学習ができないなら、特別支援学級へ行ってください」

と言われたら、

「じゃあ、給食を食べきれない子は特別支援学級に行くのですか？」「逆上がりができない子は特別支援学級へ行くのですか？」と言ってください。

勉強ができない子というだけで、特別支援学級へ行けと言われることについて、私はどうかと思います。まずは、勉強を減らしてあげることです。

学習内容を限界まで減らし、十分な支援を行い、さらに本人や保護者の希望があったときに初めて〝特別支援学級〟や〝特別支援学校〟という選択枠が生まれてくるのです。

〝先生が教えることや指導に困ったから特別支援学級へ〟といった排除の理論から生まれた支援からは、本当の特別支援教育などできるわけありません。

## 専門性はなくても熱意のある先生はたくさんいる

特別支援の専門でなくても、子どもに対する愛情や情熱のある優秀な先生はすごくたくさんいます。

学校の先生になってからも、参加できる特別支援の勉強会や研修会も増えていますし、そうした場で研さんを積んでいる先生も多くいます。

特別支援学校の教員免許を持っていないからダメだということもありません。

お母さんの中には、調理師免許がなくても、本を読んだり料理教室に行ったりして料理がとても上手な方がいます。それと同じです。

つまり、学校の先生に、今から特別支援学校の教員免許を取るための大学に入り直せといってもムリな話。先生の批判をしても何もいいことはないのです。

先生も人間です。担当の先生の指導を共感的に受け止めて、外部の専門家や他の先生方とチームを組んで、ワンチームとなって日々の指導にあたっていくことが重要なのです。

その取り組みを通じて、先生方が「その子の意外な力に気付かされた」と喜ぶことだってあるのです。

最近では、大学の専門の先生や放課後等デイサービス職員、スクールカウンセラーなどの心理士（師）が学校を訪問し、課題がある子の支援に対する「ケース会議」という取り組みが積極的に行われています。

ケース会議とは、目の前にいる支援を必要としている子どもの事例に対して、チームとしての役割分担や方針を決定するための「支援会議」です。

担任一人ではできないことも、学校にいる教職員や専門的な関係機関がチームを組み、役割分担をすることで、支援の幅や可能性が大きく広がることがメリットです。

ぜひ保護者のみなさんから開催の提案をしてみてください。

私は、そうしたチームを組んでやっていきたいと、常に考えて実践しています。担任の先生一人だけではダメなのです。

管理職である教頭先生を加えて、一緒に会議を開いていくことも重要です。

担任の配置等、学校内のことは最終的にはすべて校長先生が責任を持って決めるものですが、多くの場合は、校長が作った原案を教頭や教務主任等が加わって検討する企画委員会という会議を通して決定することが多く、教頭先生は助言をすることができます。

なので、管理職である教頭先生にケース会議に入ってもらうことは、子どもへの直接的な支援環境を整える意味で大変重要なポイントであると私は考えます。

残念ながら〝担任だけとの約束や引き継ぎ〟では、限界があるのが現実です。

## 子どもを指導すべきときと受け入れるときの使い分け

子どもがパニックを起こしたとき、それはワガママなのか。

それとも、その子の特性として受け入れたほうがいいものか。

ワガママだとしたら、厳しく接する必要があるかもしれません。

ワガママかどうかを見抜く方法は簡単です。本人に対して、事前に指導をしていない、あるいは約束をしていないことでパニックを起こしたとしたら、それは本人の特性なので許してあげてください。

その例が次です。

「今日はデパート行くよ」

「うん、行く行く」

で、お店に入ったとたん、「ママあれ買って〜」と始まったとしたら？

デパートに行く前に「今日は何も買わない！」と、宣言し忘れていたお母さんが悪いのです。

そういうときは、「事前に買わないと言わなかったママが悪かったね。一個だけだよ」と言って買ってあげてください。事前に約束しなかった親のミスです。

そして、親は学ばなければなりません。

「ああ、ウチの子はこういうところに来たら絶対欲しいんだ」と。

そして、次にデパートに行くときに活かしてください。

「何も買わないよ。お菓子もおもちゃも何にも買わないよ。それでもいいなら連れていってあげる。約束できる?」と。

本人が「買わない。約束する!」と言ったら、後で「買って! 買って!」が始まったとしても、絶対に買ってはいけません。

なぜなら、事前に約束してあるからです。このケースはワガママになります。

子どもの心理を解説すると、こうなります。

「ほら、わめいちゃうぞ! けっとばしちゃうぞ! どうだ、どうだ。泣きわめいて、床に寝ころんじゃうぞ! ほら買ってよ、買ってよ! これなら買ってくれるか?」

つまり、大人への挑戦状なんです。

ここで万一、買ってあげたりすると、「あ、騒げば買ってもらえるんだ」と誤学習してしまう。人間だけですよ。一八歳を過ぎてなお、大人にならないのは。

親の役目として、「この子はこうしたら、こうなるんだ」というマニュアルを作成し、増やしていくことがポイントです。

ちなみに、私は酒を飲みません。

飲むと脱ぐからです（笑。）

これまで、二回、大きな失敗をしています。

だから、「ＳＭＡＰ」のメンバーだった草彅剛の不祥事をテレビで観たとき、同種の人間だと思いました。尾崎豊も同じです。このようなタイプの人は、お酒飲んじゃダメなんです。

だから私は、絶対に外でお酒は飲みません。

どうしても飲むときは、自宅かホテル内か、家まで確実に送ってくれる人がいるときだけです。

また、八〇〇〇円を使ってガチャガチャを空にしたように、私がパチンコやったらどうなるか。閉店もしくは財布がカラになるまでやめません。

わかっているから、やらないんです。

大人になってから、私のように自分で制御していくためにも、「この子はこういうとき、こういうふうになるんだ」と学習して欲しい。保護者のみなさんには、子どものミスを発見し、学習を積み重ねていって欲しいのです。

そして、良い支援をしっかり続けていくと、やがて子ども自らが〝自分はこういうタイプなんだ、気をつけよう〟と、自分自身で制御していこうという力が育っていくものなのです。


私の妻は、結婚するときに、私の母から私のマニュアルを聞いたそうです。

その一例を紹介しましょう。

母いわく、私が「カーッ！」となって出て行ってしまったときは、絶対に「出て行かないで！」と言ったらダメ。一万円を渡して、「行ってらっしゃい」と言えばＯＫ。「どうせ、どこかのサウナかカプセルホテルで時間をつぶして帰ってくるから。一万円を渡して〝ほら、行っておいで〟って。そうすれば次の日反省して、〝ごめんね〟と帰ってくるから。あなたもいやでしょ？　カリカリした旦那がずっと一晩中、横にいるのは。一万円渡したほうが、あなたも息子も楽だから」

そんな調子で、母は妻に何から何まで私の扱い方を話したそうです。

そして「あー、やっと子育てが終わったわ！　あとは頼むね！」って、言ったそうです。

これで母親の仕事が終わったということです。

大人になって、お子さんが結婚するとき、私の母親が妻にしたように、わが子のマニュアルを伝える。そうしたことが大切なのです。

一八歳になるまでには、まだまだ余裕があります。その間、その子のマニュアルを作ってあげましょう。

そして、それまでに、自分はどんなタイプでどんな傾向があるのか、どんなときにどんなことに気をつけていけばいいかを、お子さん自身が理解できるようにしておくことが大切です。

## 子どもたちに寄りそった指導の事例（個別相談会でよく出る悩みの中から）

最後に、私が全国で個別相談会を行っている中で、最も多い相談内容についてお答えします。

### ◎片づけが苦手な子について

片づけが苦手なお子さん、すごく多いですね。

なぜ、片づけができないのか。それは簡単です。

そもそも片づけるとは、「集める」と「分ける」「整頓する」という三つの要素が入っているのです。

子どもからすると、「ママは片づけろ」と指示するだけかもしれませんが、三つのことをすべてやらなきゃいけない。だからできないのです。

たとえば、こういう例をあげてみましょうか。

突然、舅、姑が家にやってきて、「私たちの夕食も作って」なんて言われたら、腹立ちませんか？

お嫁さんは、①買い物のやり直し、必要な量や種類だって増えますよね。

さらには、②作る量も増える、加えて③片づけの作業も増える。

「夕食、作って」と簡単に言うけれど、その言葉の中には三つの仕事が増えることが含まれていて一気に増えるから、ムカつくんです。

なので、子どもが片づけをできないときは、分けて指導するのです。

一つ目はまず、〝集める〟ことだけをやらせましょう。

大きな段ボールなどを用意して、「とにかく、この中に入れなさい」と指示します。

お母さんたちは、とにかく散らばっているのが嫌なんですよね。だったら、大きな衣装ケースがおすすめ。その中に、おもちゃも勉強道具も赤白帽も、全部入れさせる。で、入れ終わったら「すごいね！　全部片づけができたね」って褒めてあげましょう。

そのケースの中から洗濯物を分けたりするのは、保護者の仕事ですからね。もし、子どもが「〇〇がない、ない、ない！」って騒いでいても、絶対にその中にあるわけです。

なお、この作業、子どもが箱の中にモノを入れるだけでも一年くらいかかります。

一年かけて大きな箱にしまえるようになったら、次のステップです。

今度は、モノを〝分ける〟段階に取り組ませましょう。大きな箱をたとえば青、赤、黄色の三種類用意するのです。おもちゃは黄色い箱に、勉強道具やランドセル、学校のものは青色の箱へ、洋服や体操服は赤い箱に入れる、という具合にゴミの分別の要領と同じように片づけさせるのです。

ゴミの分別は学校でもやっているから、さほど難しくないはずです。

そして分別できたら、しまうのはお母さんの仕事です。

一年かけて三つの箱に分けられるようになったら、次は最後の段階です。

「勉強道具は自分の部屋に持っていって」とか、「おもちゃは押し入れの中に入れな

さい」「洗濯物や洋服はお母さんが持っていくね」というように。

最後は、勉強道具は机や引き出しの中、おもちゃはおもちゃ箱に整理して入れ、洋服類は洗濯機のカゴに入れるところまで〝整頓させる〟のです。

このように、三つの段階を順にやれるようにしてあげるとできるようになります。

また、こんな発想もあります。

参考までに、講演会で必ずお見せしているのが、五一歳の私の筆箱袋。

私自身、ADHDの傾向も強いので、片づけができないんですね（笑）。

中身はというと、付箋、お手拭き、ホッチキス、携帯の充電器、グルーガンの芯……。いろいろなものが入っていて、とても五一歳の先生の筆箱じゃありません。
これを見て私の妻は、「片づけなさい」とは言わないです。
「もーまた散らかして、あなたいいものを買ってきたよ。大きい袋を買ってきたから
この中に全部入れて！」
と言うのです。
私は「おお〜ありがと〜！」と返事をして、全部この袋に入れるんです。
だから、片づいている。整頓しているんじゃないんですよ！　全部、この袋に入れ
ているだけです。
ちなみに、この大きな袋はいいですよ。
何がいいって、講演会のときに飲み残したペットボトルも入りますからね。
講師料の入った封筒も入れることができます。私、この講師料をテーブルに置いた
まま帰ってしまったことが何回もあったので、本当に助かっています。
得意な手品の道具も入れられます。だから、いつでも見せられます。
私は片づけができないから、この大きな袋を持ち歩くことで対処できているのです。

このことから私は、二種類の教育があると考えるようになりました。

一つ目は、片づけができない子に対して、〝片づけられるようにする教育〟。

そして、もう一つは、片づけが苦手な子に対し、〝別の方法で片づけずに済むようにする教育〟。問題を解決するだけならば、後者でもよいのです。

後者の別の例としては、時間割に合わせるのがイヤで、全授業の教科書をランドセルに入れている子、小学校一年生に多いのですが、これ、ナイス・アイディアです。

忘れると叱られるし、片づけるとどこに片づけたか忘れちゃうから。

重要なのはこのランドセルの中に全部あるということ。

でも、正直、重いです。でも、モノを探していて叱られたり、モノがなくなったりして困るよりも、重いほうを選んでいるのです。そのほうが楽なのです。

なので、全部の教科書をランドセルに入れておくのも悪いことじゃない。

そして、三〜四年生になって、入りきらなくなると、その子たちも考え始めます。

「これは絶対使わないな〜」と。そうしたものを家に置いていくようになります。

大人になっても、そういう人、いると思います。

たまに自転車で、何が入っているのだろうと思うような大きなナップサックを担いで通勤している人を見かけますが、もしかすると私と同じタイプの人かもしれません。

あの大きなバッグの中には、ぎっしりとモノが詰まっているはず。着替えから何からね。

だから、片づけができない子に関しては、まず「分けて指導する」。

そして、仮に上手く片づけができなくても、他の方法で対応することができるということです。

### ◎時間が守れない子について

時間が守れないときにどうするか。

良い方法として、その一つに、音楽を使う方法があります。

学校は昼休みなどに、音楽が鳴ってからチャイムが鳴るって、知っていますか？

音楽が流れると子どもたちは一斉に水道の蛇口に走ります。混むのがわかっているからです。

で、そろそろ昼休みが終わります。

そして、チャイムが鳴る直前に「手を洗って教室に入りましょう」なんて、アナウンスが流れる。

夕焼け小焼けの曲が流れると、そろそろ帰らなきゃとなりますね？

スーパーで閉店の音楽が流れると、急いで買わなきゃって思いますよね。

パチンコ屋で閉店の曲が流れると、終わりだなって思いますね。

人間というものは、音楽でけっこう気持ちが切り替わるものなのです。

あの子たちはやらなきゃとわかっていても、気持ちが切り替わらない。

発達障害のある子の特性です。

だったら、音楽で気持ちを切り替える。お母さんの怒鳴り声で気持ちを切り替えさせるのではなくて、音楽で気持ちを切り替えさせるのです。

学校では、掃除のときに音楽を流すところが多いです。

記憶にありませんか？　掃除の終わりの音楽が流れ始めると……。

男子は時間いっぱい掃除をしようとしているのに、女子は気持ちを切り替えて要領よくサッサと片づけをやり始める。「まだ、終わってねーぞ」なんて言われたこと。

子どもたちに「時計を見て動け」と言っても、動けないけれど、音楽を流すとそろそろ終わりだ、急がなきゃという気持ちになるのです。

私は小学一年生の担当を四回経験しました。

小学校一年生って知っていますか？　酔っ払いよりも、性質が悪いです（笑）。プールが終わった後、三五人いるクラスの帰りなんてもう、グチャグチャです。

で、隣から声がするのです。

「あと一〇分、あと一〇分で下校時刻だからね！　間に合わないよ！　早く！」と担任の怒鳴り声が聞こえてくる。

でも、私は怒鳴りません。

逆に、「もうすぐ学校終わるけど、どうする？　二曲にする？　三曲にする？」と告げます。

「先生、今日は三曲がいい！」と子どもたちの反応が返ってくると、

「よーし、最初にトトロを流すから、トトロの間にカバンを片づけようね。二曲目の魔女の宅急便が流れたら、トイレに行こうね。三曲目のハウルの動く城が流れる前に椅子に座れるといいね」。

「それじゃあいくぞ！　今日のミュージックスタート！」と音楽を流します。

すると、「トットロ～」と一斉に三五人が意欲的に動き出す。

私は「そろそろトトロが終わるぞ～」とだけ言います。

そうなると、「うわー、トトロ終わっちゃう、終わっちゃう。次は魔女の宅急便だから、トイレだー」

と子どもたちは勝手に動くのです。

隣のクラスからは「あと五分！　あと五分で終わるよね～！　早くもっと早く！」

とさらに大きな怒鳴り声がする。

ですが、私のクラスは「トットロ、トットロ～」なんです。

どっちがいいか、わかりますよね？

これを家庭でも応用するといいと思います。子どもが好きな音楽を選んで。

たとえば、仮面ライダーの歌が終わって「次の曲になっちゃうよ～」なんて言いながら、その曲の間に何をするか約束しておけば保護者も楽だし、子どもも楽しく次のことに取り組めます。

この方法って、通常学級の子にも効果がありますよ。

ウチの息子もこの方法で育てたんです。

最近、びっくりしたことがありました。

先日、大学院生の息子の下宿に泊まったら、朝はモーツァルトで起床するのです。

二四歳になるウチの息子、大学ではオーケストラでチェロをやっています。

朝七時になるとモーツアルトが三〇分間流れて、その間にシャワーを浴びて朝食を取って、学校へ行くという朝の暮らしをしていたんですね。

子どものうちは大人がやらせているけど、子どもが自分のタイプを知って、生活に活かすなんてこともできるようになる。

時間を守れない子には、音楽は効果的です。

ぜひ、やってみてください。

**◎友だちがなかなかできない。友だちとトラブルを起こす子**

これは簡単です。

友だちをつくらないでください。

どういうこと？

だって、同年代の友だちとトラブルになるんでしょ？

こういうことです。

子ども本人には、課題があります。本人に課題があって、友だちと上手くいきません。なぜか理由を言いますね。それは、〝相手が未熟〟だからです。

いいですか。お子さんが悪いのではない。相手、友だちが悪いのです。

特徴のあるお子さんを受け入れる土壌が、相手にないから上手くいかないのです。

まずは、この発想。

そして次に、

「では、友だちとトラブルばかり起こす子に対して、どうすればいいか」。

これも簡単です。

〝この子を受け入れてくれる、大人の友だちをいっぱいつくってあげればよい〟のです。スイミングの先生だったり、スポーツ少年団の先生だったり、放課後等デイサービスの指導員だったり、公文の先生だったり、誰でもいい。

大人は理解がある。そして、受け入れてくれる。未熟で予想外の反応をする子どもではなく、安定した共感的に理解してくれる大人とたくさん付き合わせるのです。

つまり、大人の友だちをつくるところからの出発です。

子ども同士は、双方未熟だからダメです。

こう言うと、親御さんからこんな質問がきます。

「そんなことを言ったら、同級生の子と仲良くできないじゃないですか」と。

この質問に対しては、「お子さんは将来、保育士になるんですか？」と返しています。

いいですか？　昔、子どもだった友だちもそのうち大人になるんです。

子どもたちが大人になったときに、その大人になった同級生と上手に付き合えればいいんじゃないですか？


しかし、大人と言っても、親だけではダメですよ。

なぜなら、小さいうちはいいけれど、五年生ぐらいになると気持ち悪がられます。

親ではない大人で、自分のことを受け入れてくれる大人がいいです。

まずは、大好きな大人の友だちをたくさん作ることができる環境を整えてあげてください。この発想が大切です。

私が特別支援学級にかかわっていたときの話です。

「みんなの自慢の友だちを発表してください」というお題で、全校朝会をやったことがありました。

そのとき、特別支援学級のクラスの子が「はーい！」って手をあげました。

六年生の子がマイクを持って行くと、「僕の世界で一番の友だちは、山内先生でーす」と言うものだから、全校から爆笑されました。

学校中が笑っていましたけど、私にとってそれは一番の褒め言葉でした。

それでいいのです。

今の自分のままでいいのだということ。

子どもに安心させてあげてください。

そして、あの子たちが大きくなったときに、大人になった友だち同士として、付き合えることができるようにしてあげてください。

もちろん、将来保育士や幼稚園の先生になりたいという場合は、幼い子たちとうまく付き合う必要がありますが、そんなことはまれでしょうから。

未熟な子どもを理解し、受け入れてくれる大人の環境を親がたくさん用意してあげる。それこそが、不登校の子や課題ある子どもにとっての正しい選択なのです。

### ◎ゲームがやめられない子

今、ゲームがやめられないというのは、「ゲーム障害」という病気になっているのをご存じですか？

現時点で、一日に五〜六時間もゲームをやっているという子は、ごめんなさい。教育では無理です。病院に行ってもらわなければならない。

ゲームの時間が一〜二時間の場合については、「ゲーム貯金」という方法を使って自らコントロールできるようになるというお話をします。

私は、前に子どもと約束することが大事だと話しました。

なので、わが家では子どもに対し、一日のゲームの時間を決めたんです。

平日一時間、休日二時間がゲームをする時間という約束です。ところが、子どもたちにとって一日にゲームを一〜二時間と決めると、「ゲームをやらないと損」という意識になるようです。

ここがポイントです。

そこでウチは「ゲーム貯金」というノートをつくりました。

息子が「お父さん、今日、ゲーム三〇分しかやらなかったよ」と言ったら、〝一二月一五日、三〇分〟とゲームをしなかった時間を貯金していくことができます。一日のゲーム時間を無理に消化するのではなく、遊ばなかったり、余ったりした時間を貯金すればいい。そして、貯金した時間でゲームの延長ができるようにします。

ルールは平日一五分。休日三〇分まで延長可能、借金、前借はダメ。自分が貯金した時間を使えば、決められた時間の範囲で延長ができるのです。

だって、子どもの気持ちもわかりますよね。一番面白いときに「ヤメー」っていわれたら、「もうちょっとやらせてよ!」となりますから。かわいそうですね。

そういうときに延長ができる、自分でやりくりして貯めた時間だから文句はない、ということになりますよね。

そして、わが家の場合は貯まった時間をポイント制にしていました。

一〇〇〇時間分のポイントを貯めると、新しいゲームが買えるという仕組み。クリスマスになると、どうしてみんなゲーム機が買えるのかよくわかりませんが、わが家ではサンタさんが三〇〇〇分ポイントプレゼントしてくれます。

他にも、テストで一〇〇点取ると二〇分のポイント。お風呂掃除をすると三〇分のポイントというように。ウチは完全に時間ポイント制に移行しています。

息子があるとき、こう聞いてきました。

「隣のおうちは一〇〇円だよ。なんでウチはポイントなの？」

そこで私はこう言いました。「時は金なり」って。

なるほど、お父さんいいこと言うね。なんて言っていました。

そして、夏休みのある日は、「お父さん、僕、夏休みの間中ゲームはやらない」なんて言い始めるので、「いや、無理せずにやればいいじゃない？」と言ったのですが、「一週間我慢すれば、マリオパーティーが買えるから」と計算して、必死で耐えているのです。

ウチの息子、結局一週間ゲームをやらずに我慢して、「やったぜ、貯まった！　お父さん買いに行こう！」って嬉しそうでした。

ある意味、人間ってそうじゃないでしょうか。

我慢して貯めるから喜びがあるのではないでしょうか？

我慢もせずに、サンタさんが、ジイジが買ってくれる、なんてやっているからダメになる。

この時間貯金・ポイント制度は、将来カード破産を防ぐ効果があると私は考えます。ゲームがやめられない子の多くは、実はカード破産するリスクが極めて高い。何しろ、クレジットカードはいくらでもお金が充当される魔法のカードですからね。

子どもは支払いができなくなると、保護者のところへ駆け込むわけです。すると、当然のように、保護者がカードの借金を立て替えてくれる。

しばらくすると、保護者が払ってくれるという情報が別のカード会社に伝わり、その子のところに新しいカード会社からの誘いがやってくる。恐ろしいループに陥る可能性が出てくる。

なので、時間のポイント貯金ができるようになった子は、カード破産が防げます。だって、時間というお金を貯金して、ポイント制限がある中でやりくりをするわけです。ゲームという欲求の塊を、自分自身でコントロールするわけだから、お金のコントロールと直結していると私は考えているのです。

ゲームというものを単なるゲームとしてやらせるのではなく、療育、教育としてやらせる。子ども自身で我慢する力、自分で自分を制御する力を育てる最高の教材だと私は思っています。

ただし、この方法は一日のゲームが一～二時間程度で済む子に適用されるのであって、一日五時間とか六時間やる子には適用できません。

何事も早期からの取り組み、事前の指導が重要なのです。

## ◎先生の指示や話をなかなか聞くことができない子

このタイプのお子さんは、「視覚優位」といって、聞くことは苦手でも、見て学ぶ力は、ある程度備わっているケースがよくあります（発達検査でわかる）。

その時は、〝隣の席の子を「ドラえもんのしずかちゃん」のようなお手本になる子にすればよい〟のです。

先生は、よく「他にも子どもたちがいるので、その子だけを見ることはできません」と言われます。その通りです。だから、いつも先生に見てもらうのではなく、お子さん本人が見て真似して動くことができるように環境を整えればよいのです。

しずかちゃんタイプの子は優しいので、「○○君が困っていたら、見せてあげてね」

と言えば、「ハイ！」と快く引き受けてくれます。

お子さん本人にも「いつも先生が横で助けてあげるわけにもいかないから、隣を見ていいんだよ」と、共感的でやさしい声かけができます。

前述したように、この配慮の要望を医師や心理の専門家に「意見書」として書いてもらえば、確実に配慮してもらえます。

注意することは、いつも隣が同じ子にならないということです。クラスのメンバーはいつか変わります。中学へ行けば他のメンバーも入ってきます。お子さんにとってこの〝しずかちゃんタイプの子〟を複数育成していくことは、教師の努めと思っています。

もう一つの注意点。先生の多くが、誤って〝サザエさんの花沢さん〟のような子を隣にするケースがあるということです。

なぜなら、先生の指示や話が聞けないので、しっかり者の女の子を隣にするのです。これは、最悪のシナリオです。ことあるたびに「何やってるの？」「先生の言うことを聞いていなかったの？」とまくしたてます。

先生としては、配慮したつもりが逆効果。先生から注意されるだけでもイライラするのに、隣の子からもたびたび指摘を受けるのです。そのまま放置しておけば、手が出てしまうことが予想されます。

しかし、先生は、「隣の子が教えようとしているのに殴りました。ごめんなさいも言いません。こんな子は通常学級では無理です……」。

私の小学校時代がよみがえります。

〝「指示や話を聞くことが苦手な子」の隣は、「しずかちゃんのようなやさしくてお手本を示してくれる子」にする〟。これが支援の原則です。

**◎学校行事に参加できない子**（「無理にやらせるかどうかの判断」）

運動会や学芸会、合唱コンクール等、学校や園にはさまざまな行事や活動がたくさんあります。そして、みんなと同じように参加することができないことに悩んで、私の所に相談に来るケースが非常に多くあります。

なぜ参加したくないのか、なぜ参加しようとしないのか。その理由は、感覚過敏が原因で大きな音（スタートのピストルの音など）が苦手だったり、大きな声で指導する先生の姿が叱っているように思えて恐かったり、上手くできなくてイヤになってしまったり、その理由は多様です。

先生や親としては、「無理矢理でもやらせるべきなのか？」「無理させないほうがよいの？」と、非常に迷うところだと思います。

私は、こう考えます。

「将来大人になってやらなくてはいけないことは、多少無理させてでもやらせる」

「大人になってやらないことは、無理させない」

大人としてやらせたい。学校や園でしか味わうことのできない体験をさせたい気持ちはわかります。しかし、子どもたちはさまざまな理由で苦しんでいるのです。

だから、「将来一人で自立して生きていくことができるようにする」という究極の観点から考えるのです。

たとえば「運動会」です。大人になってやりませんよね。「学芸会」「合唱コンクール」も同様です。できなくても生きていけます。だから、無理させなくてよいのです。「掃除」や「係の活動」は、その子の特性を十分に配慮しながら、取り組ませないといけない内容となるわけです。なぜなら、大人になって生きていくうえで、掃除をすることも、役割をもって働くことも必ず必要になるからです。

今の日本の教育は、何でもそつなくできる力、オールマイティーな人間を目指しているように思えます。確かに、できる子はそれでよいと思います。

しかし、私たちがかかわる子は、すべてが同じようにできないのです。だったら、無理させるのではなく、「できることを伸ばす」ことにもっと力を注ぐべき、と私は考えます。

**◎小学校入学時に特別支援学校か特別支援学級か迷ったら**

小学校入学の段階でよくある悩みです。

保護者のみなさんの多くは、特別支援学級でもよい。通常の小学校に入学させたいと思う方が多いようです。

しかし、そうであるならば、「学力」や「発語の力」ではなく、前述した最も大切とされる「身辺自立」の三つの力が大切ということを理解してください。

私から言わせれば、次の「三大自立」です。

①トイレの自立（おむつが外れているかどうか）

②食事の自立（自分だけで食事ができるか）

③着替えの自立（一人で着替えができるか）

なぜこの三つが重要なのか。簡単です。特別支援学級と特別支援学校の支援体制の違いです。

特別支援学校は、原則一クラスに担任が二人います。しかも、特別支援が専門の職員です。万が一トラブルが起きても交替して対応して、授業が中断することがありません。

しかし、特別支援学級は、原則として担任が一人です。仮に誰か一人がお漏らしをしたら、一〇分かけて身体を洗い、着替えを手伝わないといけません。その間に待っている他の子はどうなるでしょうか。そうです。放置です。教室に帰ったら三人いなくなっていたでは、シャレになりません。

そうなのです。特別支援学級といえども、通常の小学校に入学させたいのなら、担任一人で対応できるように、自分のことは自分でしっかりとやれる力、「身辺自立」の力がどれだけ身に付いているのかが最も重要になるのです。

ですから、特別支援学級の一年生は、入学後にひらがなや計算の学習に入りますが、特別支援学校はまず、「身辺自立」を身に付けさせるための〝自律訓練〟が中心になります。私が知っている多くの特別支援学校では、小学部の三年生ぐらいになってから本格的な学習に入る学校が多いです。

学習より、発語より、まずは、「身辺自立」の力が大切です。

## ◎中学校入学時に特別支援学級か通常の学級か迷ったら

このケースで最も大切なことは、「中学校三年生の後の進路をどうするのか」を考えて決めないといけないということです。

なぜなら、現在の高等学校の入試は、「五教科五百点の点数」と「内申書といわれる通知表の一～五の合計点数」で合否が決まるところが多いからです。

ここでいう「内申書」は、通常の学級でどれだけできたのかを評価するので、一般的に特別支援学級では内申書が付かないケースが多いということです（現在、この問題に対応できるように、特別支援学級でも内申書が付く地域や学校が出てきています。進学予定の中学校に、事前に問い合わせておくことが重要です）。

結論から言いますと、一般的な通常の高校に進学させたいのなら、「中学校三年生までに、通常の学級に籍を変えないといけない」ということです。

特別支援学級から通常学級に変わることは、簡単なことではありません。もし、特別支援学級から中学校をスタートさせるのなら、「通常学級にする予定があるかどうか」「通常学級にするなら、いつから通常学級にするのか」を、事前にしっかりと決めてから入学することが重要です。

ただ、現在は、内申書の点数を入学条件としない高校や、入学時に学力検査のない高校（面接のみ）、特別支援学級からの受け入れも行っている高校が増えてきています。しっかりと将来の見通しを持つことが大切です。

「今が大切」と言われることがよくあります。しかし、それは、将来があっての「今が大切」なのです。

特別支援が必要な子は、定形発達の子に比べて準備の期間が長く必要です。つまり、中学校入学の時点で、将来のことを考えて「今、何をすべきなのか」を考えていかなくてはならないのです。

特別支援学級とひとくくりに言いますが、大きくは、知的に課題のある「知的学級」と、知的に大きな課題はないがさまざまな問題を抱えている「情緒学級」と、二つに分かれています。同じ支援学級でも学習内容が大きく違います。また、学校によっては通常学級に戻すことをしないという学校もあります。

事前に調べることが大切です。担当の教育委員会に尋ねると教えてもらえます。

# あとがき

私は教育者です。

特別支援教育の専門家なので、今回はその立ち位置からの考え方やアイディア、方法をお伝えさせていただきました。

専門家というと〝スペシャリスト〟という言葉を連想しますが、私は〝ゼネラリスト〟という言葉のほうが自分には合っていると思っています。

大学時代のサッカー部の顧問から、「山内は、〝帯に短し、たすきに長し〟で使い物にならん」と交代させられたことがありました。当時は相当落ち込みました。

しかし、見方を変えれば、特別支援の教育者として、「学校現場」と「行政（教育委員会）」「大学」「心理士」「福祉の会社」とあらゆる経験をしているからこそ、〝帯に短し、たすきに長し〟だからこそ、広い視野で、長いスパンで子どもたちを見ることができると考えています。

だからこそ、自分が学んだことや経験したことを少しでもみなさんのお役に立てるように、これからも学び続けていかないといけないと思っています。

本書に書かれた内容は、通常の学級から特別支援学級、特別支援学校まで、すべてのお子さんの子育てに当てはまるものと考えて執筆しました。

高齢者にとって住みやすいバリアフリーの家が、誰にとっても住みやすいように、特別支援が必要な子にとって良い教育は、誰にとっても良い教育なのです。

特別支援教育は、特別なものではなく、すべての子に優しい教育だと私は考えています。

そんな教育が、今、求められていると私は考えています。

二〇二〇年五月

山内康彦

バイバイ
またね

**山内康彦**（やまうち・やすひこ）

学校心理士・ガイダンスカウンセラー

岐阜大学教育学部卒業、岐阜大学大学院教育学研究科修了。岐阜大学大学院地域科学研究科修了。小中高・特別支援学校の専門職修士免許取得。専門は特別支援教育と体育。岐阜県の教員を20年務めた後、教育委員会で教育課長補佐となり、就学指導委員会と放課後子ども教室等を担当。その後、学校心理士やガイダンスカウンセラーの資格も取得。現在は一般社団法人障がい児成長支援協会の代表理事を務めながら、学会発表や全国での講演会活動を積極的に行っている。現場目線で、具体的な解決策を提案する講演会は各地で好評を得ている。著書には体育指導用教科書（学研）等がある。元日本教育保健学会理事。株式会社グロー・トラス取締役教育局長。明蓬館SNEC高等学校愛知・江南（グロー高等学院）顧問。中部学院大学非常勤講師。

通知表がオール〝もう少し〟の学校心理士の考える

「特別支援教育」って何？

2020年5月30日　第1版第1刷発行
2024年5月15日　　　　第8刷発行

著　　者　山内康彦
編集協力　近藤由美
イラスト　Yoshi
デザイン　幅雅臣
発 行 所　WAVE出版
〒102-0074　東京都千代田区九段南3-9-12
TEL 03-3261-3713　FAX 03-3261-3823
振替 00100-7-366376
E-mail info@wave-publishers.co.jp
http://www.wave-publishers.co.jp
印刷・製本　株式会社マツモト



NDC378 172p 19cm
ISBN978-4-86621-281-4